修羅場のケーススタディ

令和を生き抜く中間管理職のための30問

Naonori Kimura
木村　尚敬

PHP
Business Shinsho

PHPビジネス新書

はじめに――「本当にヤバい時」あなたはどうするか？

　私は長年にわたり、日本企業の変革や再生などに携わってきました。数多くの栄枯盛衰のリアルな局面に様々な立場で関与してまいりましたが、典型的な日本型企業のダメになるパターンは、ほぼ例外なく「意思決定負け」と言っていいでしょう。

「そんなことやって、もし○○○が起こったらどう責任取るんだ」
「そんなリスクは、当社ではとうてい取れない」
「過去前例がないのに、そこまでやる必要はあるのか」
「そもそも今決める必要があるのか、もう少し様子見しよう」
「もう少し情報が揃わないと判断がつかないよ」

　これらのセリフを、幾度となく聞いてきました。そうして、決められない状態が続くうちに事態はさらに悪化し、いざ決めようと思った段階では時すでに遅し、というのがよくある風景です。

こうした意思決定負けの背景には、長らく日本企業が右肩上がりの市場成長の恩恵を受け、ドラスティックな経営判断をせずとも、事業成長できてきたという点が挙げられます。そのため、経営トップだけでなく現場レベルにおいても、何かを決める・決め切るという力が圧倒的に不足していることが、バブル崩壊以降日本企業の競争力・収益力が低下し続けている原因の一つと言っても過言ではないでしょう。

本書のメインターゲットである中間管理職の皆さんも、仕事をしていると、しばしば「ヒリヒリする場面」に直面しているはずです。

例えば、

「上司から、とうてい達成できないような目標を強要された」

「失敗の責任をすべて自分に押しつけられた」

といった「対上司」の問題。あるいは、

「忙しすぎてメンバーが続々ダウン。しかし、納期はずらせない」

「部下全員が自分の方針に大反対」

といったマネジメントの問題。さらに、
「リストラで人を半減しなくてはならない」
「社内で不祥事隠しが発覚してしまった」
といったかなりシリアスな事態に直面することだってあるかもしれません。

こうした「修羅場」ともいうべき状況に直面した際、読者の皆さんはどう対応すべきか、果たして自分の中で決め切ることができるでしょうか。

さらにはリアルビジネスにおいては、決め切ったことを実行に移す、つまりは周りの人に納得してもらい、動いてもらう必要があるわけです。いくら正論を述べようと、あるいは泣き言を並べようと、問題は決して解決することはありません。時には禁じ手と呼ばれるような方法を使ってでも人を動かし、その状況を切り抜ける必要があります。

そのための一種の思考訓練を、紙上ケーススタディを解くことによって行っていこうというのが、本書の目的です。

こうした「修羅場」は、できることなら避けて通りたいというのが、多くの人の本音でしょう。しかし、残念なことに現在は「非連続の時代」と言われるほどに変化の激しい時代。昨日まで順調だった事業がある日突然、破壊的イノベーションによって駆逐されたり、長年にわたって磨き上げてきた技術が一瞬で陳腐化するといったようなことが、どんな分野でも起こり得るのです。

それに対処するためには当然、身を切るような改革や、組織を二分するような意思決定が不可欠となります。つまり、数多くの「修羅場」が生まれます。現代は誰もが修羅場を経験せざるを得ない時代なのです。

それでもなお、修羅場（≒苛烈な意思決定）を避けて通ろうとする圧力が働きやすいことは冒頭にて述べたとおりですが、その人やその人の属する企業は結局、徐々に蝕《むしば》まれていき、最後には今以上に凄惨な修羅場を味わうことになってしまいます。

修羅場に強くなる一番手っ取り早い方法は、「修羅場に自ら首を突っ込む」ことです。修羅場を体験すればするほど肝が据わってきますし、「人は窮地に陥るとこういう行動を取るのだな」というクセのようなものが見えてくるので、修羅場にどう対処すべきかもわかってきます。

しかし、誰だって好んで修羅場など味わいたくはないわけで、それを「ケーススタディ」という形で疑似的に体験し、経験値を積んでいこうというある意味〝巧い〟本が本書なのです。

本書では、ミドルリーダー、いわゆる「中間管理職」と呼ばれる方々が多く直面するであろうケースを中心的に取り上げました。というのも、これからの経営を担っていくこの層がより強い意思決定力を磨き続けることで、日本の未来は形作られていくからです。

悩めるミドルリーダー層に、そしてこれから「リーダー」を目指す方々に、本書が少しでもお役に立てば幸いです。

２０２１年６月

木村尚敬

修羅場のケーススタディ◆目次

第1章

対上司・対経営者……人間関係の「修羅場」を切り抜ける

第2章 ミドルリーダーが陥る「チームの修羅場」

第4章

リストラ、不正、顧客トラブル……ある日突然起こる様々な「修羅場」

COLUMN
ワンポイントアドバイス

序章

誰もが「修羅場」を避けられない時代がやってきた

「本当にヤバい時」あなたはどうするか？

本書は、ビジネスパーソンが仕事上で直面する様々な「修羅場」を想定し、いかに問題解決を図るべきかを問う一冊です。中でも将来の経営を担うミドルリーダー、いわゆる「中間管理職」と呼ばれる方々が多く直面するであろうケースを想定しています。

上司からの理不尽な指示、チーム内の泥沼化した人間関係といった部門経営に関わることから、社内での不正、リストラによる大混乱など全社的な大問題まで、仕事をしているとしばしば直面する「本当にヒリヒリする場面」は、誰しも経験があるのではないかと思います。

こんな状況に直面した際、いくら正論を述べようと、あるいは泣き言を並べようと、問題は決して解決することはありません。時には禁じ手と呼ばれるような方法を使ってでも、その状況を切り抜ける必要があります。

そのための一種の思考訓練を、紙上ケーススタディを解くことによって行っていこうというのが、本書の目的です。

あらゆるビジネスパーソンにとって「修羅場」は不可避

これからのビジネスパーソンは望む望まないにかかわらず、こうした「修羅場」に直面する機会が増えてくることが予想されます。現在はいわば「非連続の時代」とも言うべき、「破壊的なイノベーション」が同時多発的に起こる変化の激しい時代に突入しているからです。

かつての高度成長時代からバブル期にかけては、日本企業の経営はわりと見通しがハッキリとしており、現在手がけている製品・サービスをより良くすること、つまりは改善・改良の積み重ねによって、事業を成長させることができました。より性能の良いテレビやクルマを、より安いコストで作ることができれば、それがそのまま競争力の源泉になったのです。

ところがバブル崩壊を境に、グローバル化やデジタライゼーションが加速度的に進展し、過去の延長線上では想像もつかないような「非連続の変化」が次々と起こるようになりました。

コッコッと携帯電話の高機能化を目指していたのに、ある日突然、スマートフォンが登場。付加価値がハードウエアからソフトウエアへと一夜にしてシフトしてしまう。同様に、映像の美しさを追求していたら、テレビの付加価値が映像の美しさからより良い映像コンテンツへとシフトし、その果実を「ネットフリックス」によって根こそぎ奪われてしまう……。このような事態が頻発する中、かつて日本が得意とした大量生産型の「カイゼンの積み重ね」だけでは太刀打ちできなくなっているのです。

破壊的イノベーションが次々起こる「非連続の変化」に対応するためには、あらゆる会社のあらゆる部門が「進化・更新」する必要があります。今までの営業の仕方やモノづくりの方法を抜本的に変えたり、組織のあり方を全面的に見直す必要も出てきます。つまり、今あるものをより良くする〝改善型〟経営から、今あるものを変えて新しくする〝改革型〟経営へのシフトに基づく、苛烈な意思決定が迫られることになるのです。

その過程では、事業の撤退や売却といったケースも増えてくるでしょう。当然、そこには必ず大きな摩擦が生まれ、「修羅場」が出現することになるのです。

「危機が顕在化」する前に変化できるか？

　私は経営共創基盤（ＩＧＰＩ）の一員として、数多くの企業の経営改革やターンアラウンドのお手伝いをしてきました。そして、その過程で様々な「修羅場」を経験してきました。

　存続が危ぶまれるような窮地に陥っている企業では、当然のことながら多くの痛みを伴う抜本的な構造改革が求められます。しかし、こうした企業ではむしろ、「変わらなくては生き残れない」という危機意識が全社員にあるため、改革を進めざるを得ない状況にあります。

　問題は、明日死ぬわけではないのだが、慢性的な疾患を持っているような企業が、まだ余力があるうちに事業構造を大転換したり組織改革を行う場合、あるいは、すでに主力事業がダウントレンドに入っているので、新たな柱となる事業を創出するための取り組みを本気で行うといったケースです。

　まだ危機が顕在化していない、あるいは一見好調なのに、身を切るような改革を迫られるわけです。当然、抵抗する人が出てきます。それでなくても社内には様々な利害の対立があり、立場の相違があり、意識や価値観のズレが存在します。こうして、社内は収拾のつかないような「修羅場」に陥ってしまうのです。

しかし、危機に陥ってからでは遅いのです。まだ余力のあるうちにいかに身を切るような改革ができるかが、あらゆる企業に求められています。

求められるリーダー像は、この30年で大きく変わっている

こうした修羅場を乗り切るにはどうしたらいいのか。月並みな言い方になってしまいますが、結局は、「リーダーがいかにリーダーシップを発揮するか」にかかっています。

経営トップはもちろんのこと、各部門やチームを率いる管理職を含めたあらゆる層のリーダーたちが、危機や問題に直面した時にどのように考え、行動するか。それが会社の未来を決定づけるのです。

「そんなことは当たり前ではないか」と思われるかもしれません。

しかし、従来の日本企業では、表向きはリーダーの肩書きがついていても、実際はリー

ダーシップを発揮している人はごくわずかだというのが現実でした。

この30年で、求められるリーダー像は大きく変わりました。

前述したように、かつての日本企業は改善の積み重ねで勝つことができました。このような時代のリーダーの仕事は、「どうすれば品質を上げられるか」「どのようにして原価を下げるか」といった「Ｈｏｗ」に対する答えを出すことでした。

しかし、「非連続の時代」においては、改善の積み重ねだけではとうてい太刀打ちできません。まったく新しいアイデアを生み出したり、抜本的に仕組みを変えたりしなければ、激変する環境に対応することは不可能です。

ここでリーダーに突きつけられるのは、「何を変えるべきか」「何を生み出せばいいか」といった「Ｗｈａｔ」の問いです。さらには、「そもそも、なぜそれをやらなければいけないのか?」と「Ｗｈｙ」から始まる本質的な問いについて考えることも求められるようになりました。

「Ｈｏｗ」に対する問いには、答えがあります。ロジックや数字を適切に使えば１００点満点の回答を導き出すことも可能です。つまり昭和の時代の問いには、「正解」を導き出せる場合が多かったのです。

しかし、「Ｗｈａｔ」や「Ｗｈｙ」の問いには、正解がありません。非連続な環境変化の中では、過去の成功体験や従来の常識は役に立たない。次に何をすればうまくいくかなど、誰にもわかりません。

しかしリーダーは、正解がわからなくても、選択という意思決定をしなければいけない。これは正解がある問いを解く作業とは比べ物にならないほど難しく、覚悟のいる仕事です。

残念なことに、日本のリーダーの多くは、自分の役割の変化を認識できていません。いまだに目の前の問題には正しい答えが存在すると信じ込み、見つかるはずのない正解を探して右往左往しています。

さらに、自分で正解を探そうとするならまだしも、「自分の上司は何を正解と考えているか」を探ることばかり考えている中間管理職層がいまだに多いというのが現実です。

何事においても「ポジションを取る」習慣をつけよう

新しい時代に求められるリーダーシップを発揮するには、どうすればいいのか。

ここでまず必要となるのが、「ポジションを取る」ということです。何事においても「自分はこう思う／こう判断する」という意思表示を明確に行う、ということです。

何かの課題に直面した際、情報を分析して経営トップや上司のところに持っていき、「AとBという選択肢がありますが、いかがいたしましょうか」とおうかがいを立てるのではなく、「AとBという選択肢がありますが、私はAだと思うので、それでいかせてほしい」と言えるかどうかが問われます。

一見、当たり前のことのようですが、これまでの日本の組織における意思決定は、お互いに空気を読み合い、全員が納得できる落としどころを探るというプロセスを経て行われてきました。そうした意思決定に慣れてしまった人は、自分のポジションを取ることをためらい、つい相手の顔色をうかがってしまいがちです。あるいは、あるはずもない絶対の正解を求めて、いつまでも決め切ることができない。

この「ポジションを取る」という言葉は、私たちＩＧＰＩの中ではキャリア経験に関係なく非常によく使われており、朝から晩まで飛び交っています。しかし、多くの企業では「ポジションを取る」経験を経ないままに管理職になってしまった人も多く、なかなか「決め切る」ことができないのです。

「やり切る」ために必要な「ダークサイド・スキル」

さらに、意思決定をしたとしても、その先には「決めたことをやり切る」というハードルがあります。

何かを変えたり、新しい取り組みにチャレンジしようとすれば、必ず反対する人や抵抗する人が現れます。場合によっては、その相手が自分の上司だったり、さらに上の経営陣だったりすることもあるでしょう。

組織にはそもそも、現状のままであり続けようという慣性が働きます。いわゆる「現状維持バイアス」です。さらには、大勢の意見に従うべきだという「同調圧力」も働きます。大規模な企業、歴史ある企業ほどその傾向は強くなります。

どんな改革においても、結果が出るまでにはある程度の時間がかかるのが普通です。むしろ従来のやり方をドラスティックに変えれば変えるほど、一時的にパフォーマンスが落ちるものです。

なかなか目に見える成果が出ない中、上からは「本当に大丈夫なのか」と責められ、下からは「前のやり方に戻してください」と突き上げられる。このようなギリギリの状況の中、現状維持バイアスや同調圧力に打ち勝つことができるか。この「修羅場」をどう乗り切るかが、改革の成否を決めるのです。


ここで補足しておくと、こうした修羅場において真正面から突撃すると、多くの場合、痛い目を見ることになります。

組織人には組織人の戦い方があります。上の人間をうまく操ったり、社内で使える人間を見極めて自分の手足となって動いてもらったりと、ある種の裏技を駆使しながら物事を進めていくしたたかさも必要です。

私はこうしたスキルを、「ダークサイド・スキル」と呼んでいます。

ビジネスパーソンに必要なスキルというと、「論理的思考力」や「数字を読む力」などが代表的なものとして挙げられます。これらを「ブライトサイド・スキル」とするなら、ダークサイド・スキルはもっと泥臭いヒューマンスキルと言えます。

ブライトサイド・スキルはもちろん必要ですが、それに加えてダークサイド・スキルを必要に応じて有効に使うこと。それが、これからのリーダーには不可欠だと言えるでしょう。

本書の中でも、様々なケースにおいて発揮すべきダークサイド・スキルを紹介していきます。

「ポジションを取る力」と、「決めたことをやり切る力」、この二つがなければ、変革や改革は実現できません。

どちらか一つだけではダメで、「決める×実行する」の両方をかけ合わせなければ、ビジネスや組織の変革、それらをかけ合わせた「コーポレート・トランスフォーメーション」

は起こり得ないのです。

ケーススタディというメソッドは思考実験に最適

本書ではまさに、この二つの力を「ケーススタディ」にて鍛えていただくことになります。

ご存じの通り、ケーススタディとはある特定のケースを取り上げて、「あなたがこの組織で同じ立場にいたらどうするか」を徹底的に考えさせるトレーニング手法であり、ハーバードを始めとする世界のビジネススクールで使われているメソッドです。

ケーススタディの醍醐味は、当事者になりきり、自分なりの仮説を立てながら思考実験ができる点にあります。「自分ならこうする」と言い切れるまで自分の頭で考え抜くことは、先ほど紹介した「ポジションを取る」ための良い訓練になります。

本書は30のケースを取り上げ、それについての解答と解説をするという構成になっています。さらには、その仮説を実行するためにどのような手段を用いればいいのかまで触れています。これはいわば「やり切る」ための「ダークサイド・スキル」の使い方だと考えていただければと思います。

ただし、ここで強調しておきたいのは、私が導き出した解答は、あくまで私の仮説に過ぎないということです。

ここまで何度も述べてきたように、現代のビジネスの世界には「絶対の正解」などありません。私の解答例が間違っているかもしれませんし、それ以外にも無数の解答が存在しているはずです。

ですから、読者の皆さんにはぜひ自分なりの仮説を立てながらお読みいただき、その「自分仮説」と「木村仮説」を比べてみてください。「これは参考になる」と思ったことは取り入れればいいし、「これは違う」と感じた部分については、自分の仮説を実行してみればいいでしょう。

修羅場からしか得られない学びがある

私自身、これまで数々の修羅場をくぐり抜けてきました。

20代で起業した時は、資金繰りが悪化して手元にお金がなくなる恐怖を何度も味わいました。まだ若く社会経験も浅かったので、取引先からいい加減な裏書の手形を渡されたあげく、相手が行方をくらますという詐欺まがいの出来事を体験したこともあります。

ＩＧＰＩで企業の経営再建や組織改革の実行支援をするようになってからは、会社や事業の売却、人員削減といったシビアな事案に何度も立ち会いました。当然、社内には反対勢力がいて、あの手この手で改革案や再建案を阻止しようとするので、そのたびに修羅場が発生します。相手から面と向かって罵倒されたり、恫喝《どうかつ》を受けたりしたことも、一度や二度ではありません。

それでも、企業のリーダーたちが「決め切り、やり切る」ことができるよう支援することが私の使命と心得て、ここまでやってきました。

そうした経験を経て思うのは、修羅場とはいわば、自分の信念を問われる「踏み絵」だということです。

周囲からの批判や同調圧力に負けることなく、自分の信念を貫けるか。「これが正しい」と思ったら、迷わずに絵を踏まずにいられるか。それが問われているのです。

何らかの問題が起きた際、一番簡単なのは、問題が起きても戦わずに「飲み込む」ことです。つまり、何も考えずに踏み絵を踏み続けることです。

確かに、そうすれば「修羅場」は回避できるでしょう。しかし、その先には何もありません。よく、何かの任期を終えた人が「大過なく過ごすことができた」と退任の挨拶をしますが、それは目の前の問題から逃げ続けてきただけかもしれません。

逃げなかったからこそ、修羅場が訪れる。そして、修羅場の時こそ自分の信念が試され、それを乗り越えた先に成果と成長がある。

ぜひ、「修羅場はチャンスだ」と思って、ビジネス人生を楽しく、力強く過ごしていってほしいと思います。

本書の「使い方」

- まず「ケース」を読んでいただき、2〜3分かけて「自分ならこうする」という自分なりの答えを導き出してください。
- その上で、「解説」を読み、自分の考えとどこが同じでどこが違っていたかを確認してください。
- 著者の「解答」は解説の最後に挙げていますが、最初から見ないようにしてください。
- 著者の解答はあくまで、「解答の一例」であり、合っていた・違っていたを問うものではありません。自分の答えと違っていたら、「なぜ、違っていたのか」を改めて考えてみてください。

第1章

対上司・対経営者……人間関係の「修羅場」を切り抜ける

第1章では、人間関係の「修羅場」を取り上げます。
ビジネスにおける修羅場のほとんどが、
この人間関係に発するものだと言っても
過言ではないでしょう。
無理な目標や方針を現場に実行させようとする経営陣や、
失敗の責任を部下に押しつける上司など、
やっかいな相手との修羅場をどう切り抜けるか。
自分事として考えてみてください。

CASE 1

前任者の「負の遺産」で現場が疲弊しきっている……

前営業部長が役員に出世、海外勤務から凱旋帰国し、後任として大抜擢された自分。でも、就任して改めて部門の数字を精査してみてびっくり。前営業部長はかなり無茶な「押し込み営業」で数字を作っており、経費の無駄もかなりの額に上っている。しかも、現場は疲弊しきっている。

どう考えても早晩、このやり方は破綻する。でも、役員となった前任者はこのやり方が正しいと信じ込んでおり、何より今、営業担当役員として自分の上に君臨しているのは彼だ。

Q

あなたが新任の営業部長なら、この状況をどう打開する？

正面突破を挑むのは討ち死にリスク高し

ここで絶対に避けるべきなのは、「一人で、真正面から戦いを挑む」こと。役員に「あなたのやり方はもう古い」などと宣言したところで、自分より立場の強い人に勝てるわけがありません。

正義感の強い人ほど、こうして真っ先に討ち死にします。表面上は平静を保ちながら、水面下で改革に向けた準備を進める。しばらくは良い意味での「面従腹背《めんじゅうふくはい》」でいくべきでしょう。

一人で戦うリスクを避けるには、部下を巻き込むことです。

例えば、「事業方針策定ミーティング」と称して部下を集め、自由に意見を言わせる。彼らもこれまでのやり方で疲弊しているので、くすぐればすぐに不平不満がどんどん出てくるはずです。多少、誘導尋問的に自分の思う方向に意見を持っていってもいいでしょう。

そうして、新しい方針が「チームの総意」となれば、役員も反対しにくくなり、チームも一丸となる。孤独な戦いを避けることができるのです。

結果が出るまでの「我慢」ができるか

ただ、ビジネスでモノを言うのはあくまで実績。新しいやり方で結果を出せなければ、当初は一丸だった部下の心さえも離れていきます。

しかも、結果はすぐに出るものではありません。むしろ、オペレーションやプロセスを変更した場合、短期的には効率が落ちるのが普通です。

リーダーに問われるのは、ここで「我慢」ができるかどうか。内心は「本当にうまくいくのか」とビクビクしていても、それをおくびにも出さず、部下に「大丈夫だ」と言い切ることができるか。

決して途中で妥協してはいけません。仮に、これまでの「人海戦術による義理人情浪花《なにわ》節《ぶし》の押し込み営業」から、「データに基づいた科学的な営業」にシフトすると決めたのなら、いくら目先の売上が惜しくても、押し込み営業はスパッとやめる。舵《かじ》を切るなら一気に切るべきです。

こうした動きに対し、役員が反撃してくることもあります。よくあるのが、部下の一人が役員と手を結び、反対勢力に回ること。まさに代理戦争です。そういう部下は放置せず、覚悟を決めて戦うしかありません。

使えるものは何でも使う「政治力」も身につけよ

新しい営業スタイルはチームの総意であり、かつ、実績も上がっている。それならば役員も方針転換に納得せざるを得ないでしょう。

ただ、伝え方は工夫すべきです。「押し込み営業はもうやめます」だと、過去を否定されたと感じ、役員はいい顔をしません。「属人的なスタイルからマーケティング及びチームワークの営業に変更します」などと言い換えましょう。物は言いようです。

もし、それでも役員が意見を変えず、強硬に以前のやり方を主張してきたらどうするか。これはもう覚悟を決めて「刺す」しかありません。

その際、一つの方法として「上の上」、この場合なら社長や副社長に直訴《じきそ》するという手があります。

ここで、一つ使える「ダークサイド・スキル」を紹介しましょう。それは「顧客を巻き込む」ということです。

社長と主要顧客との会食をセットし、その場で新しい方針がいかに素晴らしいかを顧客に語ってもらう。そして帰り際に社長にひと言、「でも、○○役員はいまだに過去の義理人情浪花節スタイルに固執しているのですが……」。

戦い抜くベースとなるのは、「今までの営業は間違っている」という強い信念です。リーダーになったら真っ先に、ここを考え抜く必要があります。

その上で、新しい方針が正しいという確信が得られたら、使えるものは何でも使って、変化を起こす。チームを預かるポジションになったら、こうした政治的な綱渡りもできなくてはならないのです。

A

部下を巻き込み実績を作り、タイミングを見て上を刺せ。

CASE 2

どう考えても達成不可能な目標。それでも「ギリギリまで数字を詰めろ」とのお達しが

期末まで残り2カ月。我が部門の売上目標は大幅未達が確実。ただ、そもそもこの目標は上から押しつけられた、実態と大きくかけ離れたもの。しかし、そんな言い訳は通るわけもなく、上からは「ギリギリまで数字を詰めろ」とのお達しが。ただ、現場は疲弊しきっている。目先の数字に追われることで、次の期にも悪影響が出ることは必至だ。このままでは部門の存続も危ぶまれる……。

Q

マネジャーのあなたはあくまで「ギリギリまで粘り、努力をアピールすべき」なのか？

「みんなで頑張ろう」はリスクの先送りに過ぎない

自分たちで決めた目標に対し、経営陣や本社から「これでは足りない」と言われる。そして各部門に何億ずつという、とうてい達成不可能な売上目標が上乗せされる。これは「空箱《からばこ》を積む」と呼ばれ、日本企業でよく見られるケースです。

ここで現場のリーダーがまず考えるべきは、その目標が本当に「空箱」なのかを客観的に判断することです。

もし、努力して達成できるものなら、事業責任者としてそれを目指すのがリーダーの本来の姿です。ただし、どう考えてもそれが「空箱」であるならば、ギリギリまで粘って売上を詰めることがむしろ、会社や部門のマイナスになる危険性があります。

そもそもなぜ、会社は「空箱」を積むのか。経営陣にとっては空箱を積むのが一番楽だからです。

現場からの数字と目標に大きな乖離《かいり》があるのなら、本来、思い切った戦略の変更や、部門の縮小やリストラなどの施策を考えるべきです。ただ、こうした決断にはリスクや痛みが伴います。

一方、「何も変えずに、みんなで頑張って売上を積み上げましょう」なら、誰も傷つけず、組織の一部に手をつけるようなリストラも先送りできるのです。つまり「空箱を積む」というのは、「問題の先送り」でもあるのです。

テイルヘビーな目標で結局、全員沈んでいく

こうした会社でありがちなのが、いわゆる「テイルヘビー」な目標です。

年間計画のうちの下期の、それも最後の1、2カ月に「新製品が出ます」「大型受注が入ります」と、膨大な目標が組まれる。そうして、どの部門が最後まで粘るかのチキンレースを繰り広げた結果、「頑張ったのですが、残念ながら……」と言い訳をする。それが繰り返されるのです。

これが常態化すると、誰もが目先の売上達成しか考えなくなり、あげくコンプライアンス上問題となるような手段を取ってしまうようなケースも出てきかねません。結局は中長期的に衰退することになってしまいます。過大な売上目標が課され続けた結果、ついに粉飾決算にまで手を染めることにも……。

「みんなで頑張ります」は「みんなで一緒に沈んでいく」ことになりかねないのです。

会社の枠を外し「事業」から考えよう

では、空箱を押しつけられたリーダーは、どうすべきか。

「無理なものは無理と言う。一方で、会社の枠を外した対案を提示する」というのが、一つの答えとなるでしょう。

まずはあくまで経済合理性に基づいて、中長期的に自分の事業を精査します。その結果、どう考えてもダウンサイジングが必要なら、こちらから先に提案してしまうのです。

一方、大規模な資金を投じれば、必ず業績が上向くという自信があるのなら、いっそ外部と組むのも手です。資金を投じてくれる、あるいは事業ごと買収してくれるスポンサーを見つけてしまうくらいのことをやれば、会社も無視できなくなります。つまり、会社ではなく「事業」を考えるのです。

当然、クビを覚悟でやることになります。ただし、ここまで腹をくくった案を出すあなたを、会社も無視できなくなります。つまり、捨てられる勇気を持てば、結果的に捨てられない人材になれるのです。

今回のケース、そしてこの本すべてを通じてお伝えしたいのは、前例を踏襲すればいい業界などほとんどなく、だからこそリーダーは変化するリスクを取らなくてはならない、ということです。

そのためには、あくまで経済合理性に基づいて考えつつ、実行段階ではダークサイドも踏まえたワザを使っていく必要があるのです。

A

その目標が「空箱」ならば、腹をくってドラスティックな対応を。

CASE 3

「二代目」の急激な方針転換に社内が大混乱！

現社長が突如退任し、息子が「二代目」として社長に就任。すると就任早々、方針を大転換し社内が大混乱に陥っている。

新規開拓を重視するというその路線は、従来の社員からは「既存顧客の軽視」に思えて仕方がない。しかも、進め方があまりに性急で、説明もほとんどない。ただ、海外のビジネススクールを出ているだけあって、二代目は頭が切れて弁も立つ。反対意見は容赦なくつぶされる。

課長の自分は二代目の方針にも一理あると思っているが、現場は総スカンで、仕事をボイコットしようとの話も出ている。

Q

さて、自分は二代目社長についていくべきか？
それとも現場側につくべきか？

「三代目」になったつもりで考えてみよう

これまた、非常によくあるケースです。特に「ビジネスエリート教育を受けた二代目」と、「創業以来、先代に仕えてきた忠実な番頭さん」の間では、往々にして感情的な対立が起きがちです。

ただ、この問いへの答えはごくシンプルです。「どちらにもついてはいけない」のです。

どちらにつくかという「人ありき」の発想ではなく、あくまで「長期的・継続的に事業を成長させるにはどうすべきか」を自分なりに客観的に考え、その結論に従って行動を起こすべきだということです。

その判断の際には、「もし自分が『三代目』になったとしたらどうするか」という視点で考えてみるといいでしょう。

オーナー企業には長所も短所もありますが、長所としては「サラリーマン社長と比べ、長期のスパンで物事が見える」ことが挙げられます。自分がオーナー社長になったつもりで考えてみることで、より長期の視野を手に入れることができるはずです。

カギを握るのは「翻訳者」の有無

その結果、二代目の方針が正しいと思うのなら、中間管理職のあなたは非常に重要な役割を担うことができます。それは、「現場とトップとの橋渡し」です。

オーナー社長の持つ長期的な視点は、日々の仕事に追われている現場の人にはなかなか見えづらいものです。一方、トップには現場の状況や思いがなかなか伝わらないものでもあります。

だからこそ、双方を知る人間が、互いにわかる言葉に「翻訳」して伝えることが重要であり、それには中間管理職が最適なのです。その役割を積極的に果たすことで、社長からも大きな信頼を得ることができるでしょう。

「事業承継問題」は中間管理職が解決する！

ただし、冷静に考えた結果として、二代目の方針が暴走としか思えなかったらどうするか。誰かが「首に鈴をつける」役割を担わなくてはなりませんが、内部の忠実な部下が正面から異を唱えたところでどうにもならないでしょう。社外取締役やコンサルタントを巻き込み、「外部」から忠告してもらうのが得策です。

先代社長がまだ健在なら、先代に直訴するのも一つの手ではあります。しかし、その時はうまくいっても、後に禍根《かこん》を残すことになりかねないので、あまりお勧めしません。

一度経営を退いたオーナーには、ロータリー活動などの社外活動・社会貢献活動に精を出してもらうほうが、会社としては平和なのです。

改革が進み始めたら、あとは結果が出るか出ないかがすべてです。最初は「お手並み拝見」という感じだった古参の社員たちも、数値としての成果が出れば必ずついてきます。元々、先代に長年仕えてきた献身的な人たちですから、いったん信頼さえ回復すれば、再び献身的に働いてくれるはずです。

一方、結果が出ず、かつ、若手社員を中心に退職者が相次ぐようなら、考えどころです。どこかで「首に鈴をつける」必要があるかもしれません。

こうした事業の承継は今、日本企業にとって大きな問題となっています。このケースとは異なり、二代目をいきなり要職につけるのではなく、あえて傍流部門で経験を積ませる会社も増えています。規模は小さくても自分で経営のすべてを見る経験をさせてから、要職につけるというわけです。

ただ、どのような経緯で就任したとしても、先代オーナーの影響力が強ければ強いほど、二代目社長と既存社員との摩擦は避けられないでしょう。事業承継がうまくいかずに危機に陥った企業は、枚挙にいとまがありません。
その時、カギを握るのは、双方の立場を理解できる中間管理職です。ぜひ、その自覚を持って危機を乗り切ってください。

A

どちらにもついてはいけない。あくまで客観的な立場で「橋渡し」を。

CASE 4

上司が失敗の責任を「部下(=私)のせいだ」と言いふらしている

部長の鶴の一声で始められた海外進出プロジェクトだが、コロナ禍もあり大損失を計上。だが、部長は今になって「あれはA君の発案」「私は止めたのだが、彼が暴走した」などとあらゆるところで言いふらしているようだ。

このままでは自分の社内評価やキャリアにも大きな影響が出てくる。しかし、自分から否定して回るのも恰好がつかないし、何より部長と対立することになる。

Q

「サラリーマンの宿命」と
この状況を甘受するか？
それとも全面否定に回るか？

クライアントが窮地を救ってくれた

「手柄は自分のもの、失敗は部下のもの」――こんな上司はどの組織にもいるものです。

私自身、このケースとまったく同じ状況に追い込まれた経験があります。

以前在籍していたコンサルティング会社でアサインされた、とあるプロジェクトでのことです。責任者であるプロジェクトマネジャー（プロマネ）と私を含むメンバー二人でチームを組み、メンバーは顧客企業に常駐しながらプロジェクトを進め、プロマネは普段は現場に顔を出さず、本社にいてマネジメントするという形式でした。

ところが、このプロマネが問題アリの人物で、スケジュールも予算も情報も何一つまともに管理できず、結局プロジェクトは大炎上。クライアントから会社へクレームが入りまくるという非常事態に陥りました。


その時、責任者であるプロマネはどうしたか。なんと、部下である私を売ったのです。「木村が使えない人間だからこんなことになった」と経営陣や社内に言いふらし、すべての責任を私に押しつけようとしました。

私はほとんど客先に常駐していたので、社内の人たちは私がどのような動き方をしていたかを知らないし、自分をかばってくれるほど仲の良い同僚もいません。抗弁しようがなく、私は窮地に立たされました。

その状況から救ってくれたのは、顧客企業の役員でした。

「木村だけは絶対にプロジェクトから外すな。彼が一番まともな仕事をするから」と私の会社にきっぱりと言ってくれたのです。さらに「ダメなのはプロマネだから、あいつこそ今すぐ外してくれ」と伝えて、その責任者は降ろされることになりました。

自分が成果を出していれば、その足跡は必ず残る

この経験から言えるのは、自分が仕事で成果を出していれば、その足跡は必ずどこかに残るし、実績を評価してくれる人もいるということです。たとえ上司が部下に責任を押しつけようとしても、その実績が白日の下に晒《さら》されれば、社内の人たちに上司が嘘を言っていることを証明できます。

ただし、その際に「部長が言っていることは間違っている」などと自分で否定して回るのは得策ではありません。自力で正面突破しようとすれば、上司との間に余計な軋轢《あつれき》を生むだけなので、やり方には知恵を絞る必要があります。

お勧めは、私の場合のように、自分を理解してくれる人や味方になってくれる人から、証拠となる実績を会社側に示してもらうことです。社内に味方がいなくても、自分が顧客

にしっかりと貢献していれば、クライアント側に誰か理解者がいるはずです。このケースのような海外進出プロジェクトなら、現地のカウンターパートから言ってもらうのもいいでしょう。

誰が協力者になってくれるかを見極め、周囲の力を賢く利用して、自分の身を守る。これもダークサイド・スキルの一つです。

「いざとなれば自分が出ていく」と思えるだけのスキルを身につけろ

とはいえ、例えばこの部長が社長のお気に入りで、社内で絶大な権力を持っている場合などは、たとえクライアントからクレームが入っても、会社は部長を守ろうとする可能性もあります。

その結果、あなたはダメ社員のレッテルを貼られて、会社に居づらくなってしまった。では、どうするか?

仮にそんな結末を迎えたのであれば、今の会社にしがみつく必要はないでしょう。さっさと転職すればいいのです。

大損失を計上したということは、この海外進出プロジェクトはそれなりの規模で、会社としても一大事業の決意でチャレンジしたのでしょう。そこに中心メンバーとして参画したのですから、結果は失敗だったとしても、貴重な学びを得て大きく成長できたはずです。

転職活動の際にこの経験をレジュメに書けば、実績としてアピールできます。「コロナ禍による環境変化で損失は出しましたが、海外における顧客開拓や組織マネジメントについてこれだけの実績を出せたので、この経験をより活かせる職場を探しております」などと説明すれば、自分を必要としてくれる会社がどこかしら見つかります。

対上司の人間関係に悩むのは、自分が今の会社やポストにしがみついている証拠でもあります。だから「上司に睨《にら》まれたら、自分は組織から切られるかもしれない」とびくびくするのです。

でも自分の足で立てるだけのスキルと心構えがあれば、上司に責任を押しつけられても、「いざとなったら、こんな会社は出ていけばいい」と割り切れるので、余計なストレスを抱えずに済みます。
会社に従属せず、どこでも生きていけるだけの実力を備えること。それがビジネスパーソンにとって、自分を守る最大の武器になります。

A

外部から味方になってくれる人を探し、部長の嘘を証明してもらえ。

COLUMN
ワンポイントアドバイス
1

「怒り」をコントロールする

リーダーは「怒ったら負け」

今回のケースのような状況に陥ると、誰もが「ふざけるな！」とつい怒りを爆発させたくなるでしょう。でも、怒りをぶつけても、スッキリするのは自分だけ。しかも一時的なものにすぎません。相手は感情を爆発させたあなたの揚げ足を取って、さらに悪い評判を広めようとすることでしょう。

自分がリーダーの立場になった時も同じです。言うことを聞かない部下に対してつい怒りをぶつけたくなるかもしれませんが、相手は傷ついて落ち込むか、そうでなければ自分に対する恨みや憎悪を増幅させるかで、何もいいことはありません。

怒りで押さえつける恐怖政治が長続きしないことは、歴史が証明しています。

こうした「怒り」をコントロールする手法のことを、「アンガー・マネジメント」と言います。欧米ではリーダーに必須のスキルとされています。

感情のコントロール法として実践しやすいのは、「時間を置くこと」です。怒りを覚えたとしても、すぐ態度や言葉で表現しようとせず、一定の間を空けるのです。

誰かと議論していてムッとしたら、すぐに言い返すのではなく、いったん休憩を挟んだり退室するなどして、ひと呼吸置くようにする。頭に来るメールが届いたら、即座に返信せず、あえてしばらく寝かせておく。こうして時間を置くことで、次第に冷静になれます。

特に夜は感情がセーブしにくくなるので、要注意です。これは私自身も失敗したことがありますが、夜中にアルコールが入った状態で、怒りに任せて書いたメールほど後悔するものはありません。翌朝に読み返して、「しまった！」

と青ざめたことが過去に何度かありました。

あくまで演技なら、怒りは切り札として使える

アンガー・マネジメントが身につくと、怒りを抑えるだけでなく、うまく利用することもできるようになります。

私は会議や交渉の場で、意図的に怒っているフリをすることがあります。経営改革を妨害しようとする反対派と対峙するような修羅場では、相手に対して強い態度で臨むのも一つの戦略です。つまり、怒りを自分の切り札として使うわけです。

ただし、これはあくまでも演技であり、本当に感情的になってしまったら議論や交渉はうまくいきません。いざという時に修羅場を切り抜けるためにも、日頃から怒りのコントロール術を習得しておきたいものです。

CASE 5

「強気の計画を立てろ！」一辺倒の役員。正直、とても現実的とは思えない

3年連続で赤字を続けてきた自部門。今年はラッキーな受注もあり、なんとか黒字化に成功した。事情を知らない役員は喜んでいるが、ミドルマネジャーの自分は、正直これは「運」であり、今後、かなり厳しくなることがわかっている。

そんなタイミングで事業の長期計画を立てろとの方針が。自分は「このままでは厳しいので、当初は少し落ち込んでも、2〜3年後を見据えた計画を立てるべき」と進言したが、役員からは「V字回復の勢いに乗り、強気の計画を立てろ！」とのお達しが。

Q

あくまで現実的な計画を立てるべきか？
役員の指示に従うか？

正論を堂々とぶつけることが第一段階

このケースでは、ロジカルに正論で戦うことが第一歩となります。

ラッキーな受注で黒字化したが、本来であればもっと業績は落ち込むはずだったのなら、それを数字で役員に示す必要があります。私だったら、「ラッキーな受注がなかった場合の数字」を見せて、「ここから継続的な黒字化を実現するには、事業そのものの抜本的な改革を迫られる」と説明するでしょう。

【ケース3】でも話した通り、ミドルリーダーが判断軸とすべきは「事業の長期的・継続的な成長につながるか」です。今年や来年は黒字化できたとしても、その後は業績が落ち込む一方だったら意味がありません。たとえ短期的には赤字になっても、長期的に見て将来の事業価値が最大化される計画を立てたほうが、会社の発展につながるのは明らかです。

ここは経済合理性に基づき、現実に即した説得力のある計画を立て、ロジカルに徹して役員に説明する。まずはブライトサイド・スキルを駆使して、正々堂々と戦いましょう。

戦わずして部下に言い訳するのは責任放棄

とはいえ、いくらロジカルに説明しても、納得する役員ばかりではありません。「そんなに弱気でどうするんだ」「頑張ればもっと数字を作れるだろう」といった精神論を振りかざすタイプは、日本の組織にいまだ多数存在します。

そこで引き下がってしまい、役員の命令を飲んで強気の計画を立てたところで、しょせんは絵に描いた餅。実現はほぼ不可能です。

一番つらいのは、その実現可能性のない計画に従って走らされるチームメンバーたちです。少々のストレッチゴールならともかく、いくら頑張っても50億がせいぜいなのに、100億円を目指して走り続けるようでは、現場は疲弊する一方です。ミドルリーダーとして、部下たちを理不尽に苦しめることだけは避けるべきです。

ここでやってしまいがちなのが、役員との軋轢を避けたいがために実現可能性のない計画を受け入れた上に、「俺は無理な計画だと思うが、上からやれと言われたから仕方ない」と部下たちに言い訳することです。

一見、部下の立場を慮《おもんぱか》っているようですが、部下からすれば「ちゃんと戦ってくれよ」「責任放棄だ」と思われても仕方がありません。

役員が保身に走っているなら、その事実を暴け

よって役員が納得しないなら、次の戦いに挑まなくてはいけません。ブライトサイド・スキルが通じないなら、今度は必要に応じてダークサイド・スキルを発動すべきです。

その役員が強硬に高い計画にこだわるのには、何か短期的な黒字化にこだわる理由があるのかもしれません。それについて、婉曲に尋ねてみたり、探りを入れてはどうでしょうか。すると、「自分は3年後に引退するから、5年後や10年後ではなく、自分が役員の間だけは何としても黒字化したいんだ」などという本音が見えてくるかもしれません。

あとはその情報を元に、役員を「刺す」のみ。他の役員に対して、「あの役員はこんなことを考えているようだ」と事実をやんわり伝えればいいのです。

だまし討ちのように思うかもしれませんが、先の短い役員の見栄のために、自分や部下たちが道連れにされる道理はありません。一歩も引かずにとことん戦ってください。

役員が「増収増益の呪縛」に陥っているケースもよくあります。日本経済が右肩上がりだった時代を引きずっている世代は、「売上・利益ともに前年を上回る計画を立てるのが当たり前」と考える人が少なくないのです。

もちろん増収増益が理想です。しかし現実には、「しばらくは売上を下げてでも、利益が出る体質に生まれ変わる必要がある」ことも多々あります。つまり、ある局面においては二兎を追えない状況になることがあり、会社として売上と利益のどちらを優先して計画を立てるべきか、それを問う必要があるでしょう。

もし、役員がその問いに答えられないのなら、さらに上の役員、あるいは社長にまで「どちらを選択するのか」と問いを突きつけなくてはいけないでしょう。さらに言うと、その時点での「あなたなりの答え」を持ち合わせておくべきことは、これも【ケース3】で述べた通りです。

上と戦うのは、正直面倒ではあります。しかし、それを怠ったことにより被害を受けるのはあなたの部下であり、その部下を率いるあなたでもあることを決して忘れないようにしてください。

A

まずは数字とロジックで説明し、ダメなら力技を駆使してでも戦い抜く。

CASE 6

社長に対する「クーデター」計画が勃発。どちらに立つかの分かれ道……

社長の行き当たりばったりの方針に振り回される我が社。役員は社長のイエスマンで、現場の声は一切伝わらない。そこで、中間管理職層が立ち上がり、社長の上の「オーナー会長」への直訴をしようという話が持ち上がっているらしい。私も社長のやり方には反発を覚え、実際、直訴のメンバーに入るよう声もかけられているが、正直、こんなクーデターのようなやり方はどうなのかという思いもある。ただ、ここで参加しないと「裏切者」の烙印を押されかねない……。

Q

あなたならこのクーデターに参加するか？
「裏切者」と思われても反対するか？

「どちらにつけば有利か」を判断軸にしてはいけない

このケースを考える際に重要なのは、「判断軸」です。自分は何をもってイエス・ノーを決めるのか。それが問われます。

最もダメなパターンは、自分の損得を判断軸にすることです。

例えば、「社長についたら、管理職グループから爪弾《つまはじ》きにされる」「管理職グループにつけば、上に睨まれて出世に響く」といった軸で判断しようとする。さらにはこの場合、クーデターに参加すれば「会長派」、参加しなければ「社長派」と見なされるでしょうから、「どちらの派閥につけば有利か」といういやらしい読みも働くかもしれません。

しかし、会社の中核を担うミドルリーダーであれば、判断軸はあくまで「事業の継続性や長期的な成長につながるか」であるべきです。そして、事業や組織を持続的に発展させるために、会社の仕組みや意思決定プロセスはどうあるべきかについて、「自分が社長だったらどうするか」を考える。それを自分の判断軸とすべきです。

「社長のやり方は、自分が考える『会社のあるべき姿』とは違う」と判断するのか、「自分が社長でも同じやり方をする」と判断するのか。そこをまず見極めるべきです。

提案を持たない人間に他者を批判する権利はない

「自分ならこうする」という提案がないまま、「社長のやり方が気に入らない」という感情だけで動くのであれば、それは単なるクレーマーです。「学級委員長が気に食わないから、担任の先生に言いつけてやろうぜ」と考える小学生と変わらないレベルの話であり、クーデターと呼べるほど大層なものではありません。

よってこの場合、そもそも「クーデターに参加すべきか、否か」を問いとすること自体が無意味です。

ビジネスパーソンが物事を変えたいなら、「批判」より「提案」が必要です。

目の前にある課題に対し、「自分なら具体的にこのような改善や改革をする」と言えるものがなければ、たとえ会長に直訴したところで、何かが変わるわけではありません。

批判をするのは簡単です。しかし「自分ならこうする」というポジションを取らない限り、他人を批判する権利はないと私は考えます。

企業経営や社会課題における重要な判断は、トレードオフの二択を迫られることがほとんどです。一方を立てれば、もう一方は立たず、全員賛成の答えは存在しません。

２０２０年に世界を襲ったコロナ禍において、「感染防止策か、経済対策か」の議論が沸騰しましたが、感染防止を優先して緊急事態宣言を出せば、「飲食店や旅行産業が潰れるじゃないか」と言われ、経済対策を優先して緊急事態宣言を出さずにいると「これ以上、感染者が増えたらどうするんだ」と言われる。どちらを選択しても、反対意見が出ることは避けられません。

ただし多くの人は、Aと言われれば「Bがいい」、Bと言われれば「Aがいい」と脊髄反射的に批判しているだけで、「自分ならこうする」と提案を持っている人はごく少数です。提案がなければ、批判は批判のまま終わってしまい、現実の課題解決には結びつきません。だからこそリーダーは、どんな課題に対しても、提案を持っていることが求められます。

提案があれば、次にどう行動すべきかも判断できます。

「社長のやり方は、自分が考える『会社のあるべき姿』とは違う」と判断したなら、しかるべき相手に提案をぶつければいいでしょう。

取締役会にかけてもいいし、社長と1対1の勝負をしてもいいし、管理職たちが直訴しようとしているオーナー会長に持っていってもいい。どれが最も効果的かは、その会社の仕組みや意思決定プロセスによりますが、いずれにしても提案があることが大前提です。

自分の提案をぶつけ、堂々とケンカせよ

一方、「自分が社長でも同じやり方をする」と判断したなら、管理職グループに自分の提案をぶつけるべきです。

管理職たちも提案を持っているなら、建設的な議論に発展するかもしれませんが、おそらくこの直訴計画は、ただただ「社長が気に入らない」という単なる感情論に基づく可能性が高いと推察されます。

そこで自分一人が「このクーデターは、本当に会社の事業継続性や長期的な成長につながるのか」という本質論を突きつければ、相手の反感を買い、直訴メンバーを敵に回すことになるかもしれません。

それでも信念を持って、堂々とケンカできるか。ここがリーダーとしての勝負どころです。

かつての日本企業はメンバーシップ型雇用が主流で、終身雇用・年功序列を約束される代わりに、会社への忠誠心を求められました。しかし今後は、グローバル競争力を高める

ため、欧米と同じようにジョブ型雇用への転換を進めざるを得ないでしょう。
ジョブ型の組織では、忠誠心の対象は会社ではなく、あくまで「事業の継続性や成長性」です。一人ひとりが「どうすれば事業を持続的に発展させられるか」を純粋に考えることができれば、本当に強い組織へと変わっていくはずです。

A

まずは「自分が社長だったら」と考える。その上で、「批判」ではなく「提案」でケンカする。

COLUMN
ワンポイントアドバイス
2

「波風立ててはいけない」時代の終焉

「出世したいなら上司から可愛がられろ」は本当か？

読者の中には、こう考える人もいるかもしれません。

「組織人が周囲と戦ってばかりいたら、結局は自分が排除されるだけでは？」

「そこまでハイリスクな戦いを挑まなくても、もっと穏便なやり方があるのでは？」

特にこれまで修羅場らしい修羅場を経験せず、順調に管理職になった50、60代の人ほど、こうした疑問を持つかもしれません。

でも、断言しましょう。

修羅場を避けて、空気を読みながらうまく立ち回ることで出世してきたリーダーは、これからの時代は生き残れません。

かつての終身雇用・年功序列の時代なら、上の言うことを聞いて波風立てずにいれば、いずれそれなりの役職をもらえました。上司のご機嫌をうかがい、可愛がられる存在になれば、「お前もそろそろ役員にしてやろう」と引き上げてもらえたのです。

しかし、そんな時代はとっくの昔に過ぎ去りました。

成果を出せない社員を優遇するような余裕はどの会社にもすでになく、社内のポストもどんどん減っていっています。

そんな中、なんとか管理職のポストに就くことができても、結果が伴わなければすぐにポストを追われることになります。

波風立てずに生きてきたということは、「自分で決める」「反対を恐れずにやり抜く」ことをしてこなかったということでもあります。そうした人が組織のトップになって修羅場に直面すると、決めることも実行することもできず、身動きが取れなくなってしまうのです。

戦いから逃げ続けてきたために、いざ戦いを率いる立場になった時に成果が出せない。

最後は「管理職失格」の烙印を押されて、せっかく手に入れたポストを追われるのです。

「修羅場経験」が価値となる

確かにこれまで日本の組織には、リスクを取らず、なるべく失敗しないように安全な道を歩んだ人が出世しやすい構造がありました。

しかし非連続な時代に突入してからは、むしろ王道を外れて修羅場を経験した人が経営トップに抜擢されるケースが増えています。

日立製作所の川村隆元会長や良品計画の松井忠三元会長がその代表的な例でしょう。いずれも低迷していた業績をＶ字回復に導いた名経営者として知られますが、二人とも子会社への出向を経験するなど、社内の本流を外れたキャリアを辿ってきました。

彼らは会社が危機的状況に陥ったタイミングで、いきなり経営トップに抜擢され、見事に改革を成し遂げました。本流を外れたことで味わってきた様々な「修羅場」の経験が活かされたのだと思います。修羅場を経験していないエリート出世組では、こうはいかなかったでしょう。

失われた20年を経て、日本の組織も従来のやり方では前へ進めないことに気づき始めています。リーダーの育成や登用についても同様で、将来の経営者候補となる管理職にあえて困難な事業やプロジェクトを経験させ、危機的状況に強い人材に育てようとする企業が増えています。

「出世するためには波風を立ててはいけない」時代はとっくに終わろうとしているのです。

第2章

ミドルリーダーが陥る「チームの修羅場」

組織の中間に立つリーダーたちは、
下からの突き上げや反発にあうこともあれば、
上からの命令でお荷物とされる部門を
任されることもありますし、
部下のメンタルダウンに悩むこともあるでしょう。
全方位から降りかかってくる火の粉をいかに振り払うか、
自分なりに仮説を立ててみてください。

CASE 7

「地味」な我が部門。人材の流出が止まらない……

我が部門は会社の屋台骨を支えるロングセラー商品を作っている。業績は安定しているが、仕事内容は地味で、古い体質がいまだに残っている。そのため、社内の注目はどうしても派手な新商品開発部門や海外プロジェクト部門に集まりがちだ。

そうした状況もあり、配属された若手の異動希望が続出。育った部下からどんどん他部門に流出していく。先日はついに、若手No.1と評価されるA君まで他部門に異動になってしまった。残った若手社員たちも、「どうせうちは日陰部署ですから」といじけている……。

Q
ミドルマネジャーのあなたは、
どう部下を鼓舞し、人材流出を阻止するか？

あなたは自部門の役割を「言語化」しているか？

一番重要なポイントは、マネジャーである自分が「自部門の価値を、自分の言葉で伝えられているか」を問うことです。若手と一緒になって「うちはどうせ日陰部署だから」と愚痴をこぼしているようではマネジャー失格です。

ここで必要になるのは、価値を自分の言葉で伝える「言語化能力」です。

例えば、「安定したシェアを誇っているけれど地味な事業」なら、「強者のポジションにおいて、業界リーダーとして市場を牽引《けんいん》していくことを学ぶいい機会になる」などと言い換えることができます。「旧来型のどぶ板営業をいまだに行っている」としたら、「古い体質だからこそ、改革のしがいがある」とすることで、自己成長や達成実感を喚起することもできます。つまり、「物は言いよう」なのです。

自部門がどれだけ会社の役に立っているのかを語ること、つまり「役割定義」も効果的です。ただ、これは自分が言うより、例えば社長や他部門のトップに根回しをして、「○○部門が安定しているからこそ、攻めの経営が行える」などと、方針発表会や会議などで語ってもらいましょう。

いっそ若手を放出し「おじさん」を集めよ!?

このケースの問いは「どう人材流出を阻止するか」ではあります。

ただ、もしマネジャーのあなた自身が客観的に検討した結果、「自分の部門は確かに地味だ。業務内容もルーティン的な要素が多く、若手に十分な成長機会を与えられるわけではない」「ただし、当社にとって重要な部門であり、縁の下の力持ち的役割は、今後も継続していく必要がある」と思うのだったら、どんどん若手を異動させるという、発想の転換も必要かもしれません。

かつての日本企業では、「若いうちは我慢をさせる」ことが当たり前のように行われていましたが、今は通用しません。達成意欲や成長意欲を喚起する仕事でなくては、若手は納得しません。そのどちらも薄い仕事は、そもそも、若手にやらせるべきではないのです。

当然、若手を出したら人が足りなくなります。アウトソースも一案ですが、より有効な「一石二鳥」の手があります。

それは、御社にもいるであろう、50代になって「すっかり安定したおじさん」を配置することです。

彼らはある意味、先が見えているので、若い時ほどガンガンやる気があるわけではないー方、愛社精神が強く何がしかの貢献をしたい意思は持っています。そうした彼らに会社への貢献実感が得られる仕事として、地味ではあるが確実に利益が上がり、かつ、旧来の仕事のノウハウが活かせるであろうこうした仕事は、まさにうってつけなのです。

「一本道のキャリア」はもはや通用しない

かつての日本企業では、誰もがゼネラリストとして育成され、最後に残った人が社長になる、という一本道のキャリアプランが一般的でした。ゼネラリスト育成のためには、より多くの部門を知ることが不可欠。「まずは工場」「まずは営業」といった配属は、その意味では有効でした。

しかし、人材の多様化が進む今日、キャリア形成においても誰もが社長レースに乗る時代は終わりました。さらに言えば、変化の激しい今、ゼネラリストを志向してトップを目指すのは、相当な覚悟が必要です。

そのため、多様化するキャリアプランの中で、ある部門のスペシャリストを目指す人も増えてきています。大手メーカーでも、ＡＩに精通したハイスペック人材を他の社員とは別枠で採用し、給与体系も育成体系も別にするような例が出てきています。そんな彼らを

「まず工場に配属し、従業員と一緒に毎朝ラジオ体操をさせる」意味はありません。
「最近の若手はすぐに派手な仕事をしたがる」という愚痴を言う前に、自分が彼らのキャリアを真剣に考えてあげているか、自問自答すべきでしょう。

A

「自部門の存在意義」を自分の言葉で語れ。さもなくば開き直れ。

CASE 8

信頼して抜擢したマネジャーが、部下から総スカン！

信頼して抜擢し、自分の下で右腕として働いてくれているA係長。自分にとっては極めて優秀な部下だが、どうも人との相性の良しあしがあるらしく、彼の下で働くX君とZ君から「A係長の下ではもう働けません」との訴えが直接自分のところに。

ただ、事情を聞く限りでは、コミュニケーションの取り方に少々問題はあるが、A係長のやり方が「パワハラ」だとまでは言えない。A係長も「自分は間違ったことはしていない。彼らが悪い」の一点張りだ。

Q

チームがバラバラになりかねないこの状況。あなたならどう解決する？

「メンタルダウン」だけは絶対に回避する

まずは、最悪の回答から。それは、X君、Z君に向かって「そうはいってもA係長は君たちに期待しているんだから、もうちょっとだけ我慢できないか」と説得を試みること。一気に信頼を失い、二度と相談してこなくなること請け合いです。

こうしたケースでは、どちらか一方が100％悪いということは、まずありません。それでも、マネジャーは状況を冷静に判断し、丁寧なコミュニケーションを行い、それぞれの役割変更、場合によっては部署の異動なども行いつつ、問題解決を図らねばならないのです。

名経営者として知られるインテル元社長のアンドリュー・グローブは、マネジャーの仕事は、「自分の組織及び関連する組織のアウトプットを最大化すること」と著しています。マネジャーの役割はまさに、この言葉に尽きます。

この視点から考えた時、最優先すべきは、「メンタルダウンを起こさせない」ことです。メンタルダウンはその人の人生に深刻な影響を与え、会社としても貴重な人材を失い、チームの士気も下がる。組織のアウトプットが最も落ちる、まさに最悪の事態です。

一対一では解決しない。自ら乗り込め

ここで当事者の意見をいくら聞いたところで、問題は解決しません。ポイントは「参加者を増やす」ことです。

一般的に「上司の上司」は現場に口出ししないのがセオリーですが、事ここに至っては、

自分が現場に降りるべきでしょう。ミーティングに参加し両者の正面衝突を回避するとともに、周りの人からさりげなく情報を集めます。

大事なのは情報量です。周りの話を聞いてみたら、当人同士の主張とはまったく違った事実が見えてくることもあります。

今回のケースは二人の部下からの訴えのため、より信憑性が高いと言えますが、訴えてきたのが一人だけの場合、慎重になる必要があるでしょう。パワハラというより相性の問題だということも往々にしてあるからです。

時には、悪意を持って上司を陥れようとする人もいます。そう判断した場合は、責任者として断固とした処置が必要です。

「パワハラ上司」は同じことを繰り返す……

コミュニケーションの王道は「受け手が決める」ということです。昨今ではあらゆる企業が「パワハラマニュアル」を活用しパワハラ防止に取り組んでいますが、何がパワハラで、何がパワハラでないかという線引きは、あまり意味がありません。受け手が不快に思い、メンタルを壊すほど悩んでいるとしたら、その行為はあくまでNGなのです。

難しいのは、本人が善意と思ってやった行動によりパワハラ問題を起こした上司は、本人は良かれと思っているので、無意識のうちに同じことを繰り返す可能性が高いことです。一度の失敗で「上司失格」の烙印を押すのは酷ですが、2回、3回とチャンスを与えても同じことを繰り返すなら、管理職に向いていないと判断する他ありません。その場合は、本人からマネジメントという苦手な役割を解いてあげ、プレーヤーとしてしっかり頑張ってもらいましょう。

これは、一つ前の【ケース7】でも取り上げた「キャリア多様化」の議論に通じますが、「ゼネラリストとスペシャリスト」の問題が、ここにも存在します。

誰もがゼネラリストを目指すというキャリアパスしかないから、向いていない人もマネジャーの役割を担わなくてはならなくなる。人のマネジメントが苦手な人であっても、ピンのプレーヤーとしては非常に高い結果を出す人もいるわけで、あくまで本人の特性と期待役割をマッチさせるアサインが重要となります。

どちらのケースでも、従来の「キャリアの常識」に縛られてはいけないということです。

あなたがそうした発言をした瞬間、若手の心は離れていきます。

A

あえて自分が現場に降り、「多くの人を巻き込んで」解決を図る。

CASE 9

組織再編で現場が大混乱し、売上も急減。下からは「元に戻してほしい」の大合唱

会社が契約したコンサルティング会社から、現在の地域別の営業組織を業界別に再編したほうがいいとの提案があった。売上が一時的に下がることは確実で、営業部長である自分は当初、反対していたが、今のやり方のままでは今後の成長に限界があるのも事実。コンサルティング会社の提案にも一理あり、結局、再編を実行することに。

ところが、現場は大混乱し、売上も急減。部下からも、「元のやり方に戻してください。もし戻さないというなら、僕ら数字に責任は持てませんよ」との突き上げが……。

Q

あなたが部長なら、元の地域別の組織に戻すか？
あくまで改革を貫くか？

陰口を叩かれようと、結果を出したものが勝つ

いくら部下から反対されても、あなたが考え抜いた結果として「やる」と決めたのなら、何を言われようと耐え、やり遂げるしかありません。

「コンサルタントにそそのかされた」などと陰口を叩かれるかもしれませんが、言わせておきましょう。ビジネスは借り物競争と一緒。どこから何を持ってこようが、結果を出した人の勝ちです。

とはいえ、メンバーに大きな変化を求める以上、「なぜ、変えるのか」の意図をしっかりと説明する必要があります。

そのためには、「なぜ、自分がその意思決定をしたのか」の理由を明確にしなくてはなりません。

例えば、「昨今は業界ごとのスペシャリストが求められている」「支店を統合することで、さらなる効率化・生産性向上が見込める」など、自分がその決断に至った理由を分解していき、部下に伝える必要があります。「とにかくついてこい」では人は動きません。

実は「少人数チーム」のほうが難しい!?

ここでありがちなのが、「コンサルタントに言われたからしぶしぶやる」スタンスを取ること。「嫌われたくない」「部下の思いを理解している上司でいたい」と思うと、こうした発言をしがちです。

しかし、営業の仕組みを変えるといった重大な方針転換を「仕方なく」という言葉で済まそうとするマネジャーに、誰がついていくでしょうか。これでは「中間管理職」であっても、「リーダー」ではありません。リーダーなら、納得がいかない命令に対して反論する義務があるからです。

この手の「他人に寄りかかる」コミュニケーションが絶対にNGというわけではありませんが、「こんな状況だから飲み会は控えろ、と上が言っているから頼むよ」程度のごまかした指示程度に留めておきましょう。

そもそも、部下が反対しているといったところで、部下全員が反対しているわけではないはずです。むしろ、全員が正しいと思うような案など、存在しません。意見は割れて当然なのです。

もし、本当に全員が反対していたら、どうなのか。そうなると、さすがに一度、判断を見直したほうがいいかもしれませんが、その前に、メンバー一人ひとりと個別に話し合ってみましょう。

部下たちの中にもヒエラルキーがあります。全員が集まる会議のような場では、その中のボス的な人の意見に逆らえず、本心を明かせない部下もいるはずです。そこで、個別に話し合ってみると、「実は条件つきで賛成だった」などということも多いものです。

ちなみに、こうしたチームのマネジメントは、メンバーが多いほど大変だという印象があるかもしれませんが、実は3人くらいのチームが一番厄介だったりします。人数が少ない分、対立が先鋭化しやすく、間に入る人もいないからです。

有名ベンチャー企業でも、3人のチームで創業したのに残ったのは一人、というのはよくあるケースです。

「結果が出なかった」=「元に戻す」ではない

こうして「やる」と決めたら、あとはひたすら実践し、自分の仮説を検証していくだけです。数字さえ出れば人はついてきますから、それまでの辛抱です。

ただ、仮説を検証するにあたっても、正直に「業界別にしたことで効率が2割上がると思う」というところまで部下に話す必要は、必ずしもありません。何が何でも反対したい人は、わざと足を引っ張ることで数値の達成を阻もうとすることもあります。自分の手の内をすべて明かす必要はありません。

では、もし数字が出なかったら？　今度は新しい仮説を立てて検証するまでです。新しいやり方がうまくいかなかった＝元に戻すとは限らないのです。

A

「全員賛成」の改革案はないと割り切って、覚悟を決めてやり抜くのみ。

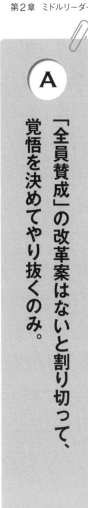

CASE 10

ある日突然「お荷物部門」のトップに！選択肢は限られているが……

長年赤字の○○部門。経営企画部の人間としてさんざん文句を言っていたら、「じゃあお前がやれ」と、突然、その部門の部長に任命されてしまった。来てみると、部員一人ひとりは能力もあり頑張っており、事業への愛着も強い。ただ、市場動向などを踏まえると、どう見ても中長期的な成長は厳しい。部長としては早期に「立て直すか、あきらめるか」を決定しなくてはならないが……。

Q

あなたなら、「なんとか立て直そうとする」か？
それとも「冷静に撤退戦に臨む」か？

「余力があるうちに撤退」をもっと評価すべき

本当にチームメンバーのことを、そして会社のことを思うなら、なるべく早期に撤退という決断を下すべきでしょう。事業売却にせよ、配置転換にせよ、構造改革にせよ、早ければ早いほど選択肢が多くなるからです。

ここでよくある失敗は、存続は難しいとわかっていながら、2年、3年と無理に事業を続け、「もう事業をたたむしかない」という状況に陥って初めて、撤退の意思決定をするというもの。こうなってからでは、もはや選べる選択肢はほとんど残っていません。

日本の企業文化では、「事業をつぶすこと＝失敗」というレッテルが貼られがちです。ただ、私は、「まだなんとかなるかもしれないうちに、事業をたたむ」という選択肢こそ、評価すべきだと考えています。

ＪＴが２０１５年に飲料事業を他社に売却した例は、その好例だと思います。飲料業界は規模の経済が強い業界であり、飲料を主力事業としていないＪＴとしては、まだ力のあるうちに売却するほうがよいと判断したのでしょう。

もちろん、現場は混乱したと思いますが、長い目で見ればより多くの人が幸せになる決断だったと思います。

再建案は常に、撤退案より見栄えがいい

ただし、いわゆる「しんがり」を務めるのは非常にハードです。

ここでは、いわゆる「ダブルハット」を使い分ける必要があります。つまり、現場を

モチベートしつつ、撤退に向けた準備を粛々《しゅくしゅく》と進める他ありません。「うちの事業が売却されるって本当ですか？」と聞かれて、「ん？　善後策はいろいろと検討はしているけど……」と煙に巻くくらいの胆力が必要になるでしょう。

過去の成功体験に縛られた経営陣から、「あきらめるのは早い。なんとしても事業を立て直せ」と厳命が下るかもしれません。

確かに、数ある選択肢の中には「事業を再建する」もあり、その可能性がゼロとは言い切れません。

ただ、これはいわゆる「悪魔の証明」で、「できない」ことを証明することは極めて難しいのです。しかも、撤退案よりは再建案のほうが、常によく見えるものです。

しかし、その希望的観測に流された結果、一番つらい目にあうのは現場で働く社員だということを忘れないでください。

優等生のままでは有事に生き残れない

【ケース9】、【ケース10】ともに言えることですが、日本人はどうしても優等生を目指しがちです。つまり、「リスクはあるが大きく成功する可能性のある選択肢」より、「リスクは少ないが、大成功もしない選択肢」を取りがちなのです。

ですが、この撤退戦の話のように、リスクを回避したつもりがむしろ損害を大きくするというケースが、実際には非常に多いのです。

平時なら、なるべくリスクを避けるマネジメントもありかもしれません。しかし、コロナ禍を誰も事前に予想できなかったように、現在は思いもよらぬ環境の激変がいつ何時起こるかわからない「非連続な変化の時代」です。「有事が平時」というくらいの意識でいるべきなのです。

私の友人に中国人ビジネスマンがいて、日本企業の中国事業の責任者（総経理）に就任した際、多くの反対を押し切り、ドラスティックにビジネスのやり方を変えました。結果が出るまでの半年、相当ひやひやしたと言っていましたが、こうしたリスクを取る決断を、日本人マネジャーもすべき時代になっていると思います。

そして、リスクを取る以上、勝率10割はあり得ません。「失敗を恐れない」「嫌われることを恐れない」ことが大事です。

とはいえ、失敗したところで命を取られるわけではありません。信念に基づく判断であれば、それを貫き通す勇気が求められます。

A

会社とチームを思うなら、一刻も早く撤退という「決断」を。

CASE 11

突然の「在宅勤務」導入で潜んでいた問題が続々と噴出！

営業サポートを手がける我が部門。今回のコロナ禍で急遽、在宅勤務をスタートさせた。しかし、それによっていわゆる「仕事量の格差」が明るみに。特定の人に仕事が集中する一方、ほとんど何もしていない人がいることが判明したのだ。部門長の私のところには「なぜ、私にばかり仕事が集中するのか」「Aさんはサボっているに違いない」といったクレームが続々と寄せられている。このままではチームがバラバラになってしまいかねない……。

Q この混乱をどう解消し、どのように公平な仕組みを作り上げるか？

「仕事が遅い人」がトクをするという矛盾

2020年に世界を襲ったコロナ禍により、リモートワークや在宅勤務の導入が一気に進みました。それにより、こうした問題が多くの企業で浮上しているようです。

しかし、これはコロナ禍による一過性の問題ではなく、「仕事とは何か」の本質に関わる、非常に重要な問題です。

働くということが、旧来型の労働力の提供という意味合いから、ホワイトカラーを中心に知的生産性という意味合いにシフトしている現状、そうした人たちの仕事の成果とは時間ではなく、その人の生み出した価値で測るべきです。

しかし、今の日本には、「会社にいる時間＝成果」という、かつての大量生産時代の意識がまだ根強く残っています。そのため、同じ仕事を1時間で終わらせる人も1日で終わらせる人も評価は同じ、という問題をずっと内包してきたのです。

「1日中新聞を読んでいるおじさん」や「隠れてゲームをする社員」がいたのも、「会社にいれば仕事をしていることになる」という意識があったからでしょう。

コロナショックは、元々あったこうした問題を浮上させたに過ぎません。

数字が見えにくい部門は「質」を評価せよ

解決策としては、拘束時間ではなく成果をベースにした「真の成果主義」に変えていく他ないでしょう。

元々数字が見えやすい営業部門や制作部門では、これは比較的容易なはずです。一方、経理や総務などの管理部門は数字との関連が見えにくいため、稼働時間（＝仕事の量）で割り振る他ありません。

一番難しいのは、営業サポートのような「管理部門ではないけれど、成果と数字との紐づけが難しい」部門でしょう。

稼働時間や仕事量だけで仕事を割り振ると、「仕事が速い人が損をする」ことになりかねませんし、結局「できる人ばかりに仕事が集まる」という事態になりがちです。

一案として、仕事の成果を「稼働時間」と「質」の二つの側面から評価する方法が考えられます。例えば、営業担当に、サポート担当者の仕事の質を評価してもらうのです。すると、「多くの仕事をこなし、かつ、質も高い人」と「どちらも低い人」が見えてきます。より公平な評価が可能になり、改善点がどこにあるかも見えてきます。

あなた自身が「働かない人」扱いに？

さて、ここまではいわゆる「働かないメンバー」の話でしたが、中間管理職であるあなたも油断できません。密かに「いらない上司」の烙印を押されているかもしれないからです。

コロナ禍によって大きく変わったのが「会議」です。惰性で続けられていた会議が「あえてリモートでやるまでもない」と中止になったり、「必要なメンバーだけでいい」と、規模を縮小するケースが相次いでいるのです。

いわば会議の質が上がるわけで、歓迎すべきことなのですが、ムダな会議ばかりに時間を使っていた管理職は、「気がついたら何もすることがなくなっていた」という状況になりかねないのです。

もし、周りの人がＺｏｏｍ会議を頻繁に開いているのに、自分にはまったくお声がかからない場合は、意識的に「飛ばされている」恐れがあるので注意が必要です。


リモートワークや在宅勤務の流れは一時的なもので、いずれ元に戻ると考える人もいますが、果たしてそうでしょうか。リモートでも仕事が進むことがわかってしまった以上、この流れが変わるとは思えません。ならば、この機会を「従来型の仕事の問題点を改善するチャンス」にすべきだと思います。

「在宅勤務では誰がサボっているかわからない」と考える人もいますが、私はそれについては楽観的です。人間、何も仕事がないとかえって辛いもの。最初は喜んで仕事をサボっていた人も、いずれ「自分のすべき仕事は何か」を真剣に考え出すはずだと、私は思っているのです。

A　評価制度をドラスティックに変え、「真の成果主義」への抜本的改革を。

CASE 12

極めて仲の悪いライバル二人。どちらかを後継者に選ばなくてはならないが……

支店長として実績を上げ、栄転のような形で本社に異動することになった自分だが、次期支店長を誰にするかで頭を抱えている。候補であるA君とB君の能力は伯仲《はくちゅう》しているが、あえて競わせていたこともあり、二人は極めて仲が悪い。どうやら支店内もA君派とB君派で真っ二つになっているようだ。

このままではどちらを選んでも問題が起こりそうで不安だ……。

Q どちらを取っても前途多難な中、どういうポリシーで後継者を選ぶべきか？

後継者選びは「大リーグ方式」で？

後継者候補を競わせること自体は悪いことではありません。むしろ必要なプロセスだと言えるでしょう。ただ、行き過ぎた対立が後に禍根を残すことになるのも事実です。

後継者を選ぶにあたり、一番明確な視点は「これまでの業績」でしょう。ただし、この発想は極めて危険です。

むしろ基準にすべきは「5年後、10年後、自社を発展させるために必要な能力を持っているか」であり、過去の栄光は二の次にすべきです。

このことは、「大リーグと日本野球の違い」を例に取ると、わかりやすいと思います。

少々前の話ですが、２００９年の大リーグ・ワールドシリーズで、ニューヨーク・ヤンキースの松井秀喜選手が大活躍したことを覚えてらっしゃる方も多いでしょう。ヤンキースはワールドシリーズを制し、松井選手はワールドシリーズＭＶＰに選ばれました。

しかし、松井選手はなんと、その直後にヤンキースとの契約を打ち切られているのです。日本で言えば、日本シリーズで大活躍した選手を直後に解雇するようなもので、まずあり得ないでしょう。

これは「大リーグがシビアだから」という話ではなく、発想そのものが違うのです。

日本では「今年度の実績」に重きを置いて翌年の契約交渉が行われますが、大リーグでは「未来の活躍の可能性」を評価します。松井選手は功労者ではあっても、来年以降の活躍の可能性を考えると、別の選手との契約を優先すべきと判断したのでしょう。

どちらのやり方にも一長一短ありますが、少なくとも後継者選びにおいては「過去の実績」ではなく、「未来の活躍の可能性」を評価すべきなのです。

そのためには、5年、10年先を見据えた事業戦略、そこに求められるリーダー像をしっかりと定義しておくことが、極めて重要です。

「大和田常務」をトップにしてはならない

もう一つ判断基準があるとすれば、彼らが目指しているのが「支店長になること」なのか、「仕事によって何かを実現すること」なのかという点でしょう。単に「支店長になりたい」という欲求だけでは、それ以上の成長が見込めないからです。

2020年に第2期が放映され、第1期と同様に高視聴率を記録したドラマ『半沢直樹』。私も楽しみに見ていましたが、中でも目立ったのは香川照之氏演ずる大和田常務でしょう。

大和田常務は第1期の最後で半沢に不正を暴かれて失脚しますが、第2期では再び役員に返り咲いています。しかし、本来は彼のような「出世欲の塊」のような人を、役員にすべきではないのです。むしろ上に行くべきは半沢のように「銀行員として成し遂げたいことがある人」です。

つまり、A君が圧倒的に成果を上げていたとしても、B君のほうが未来に活躍できるスキルを持ち、ビジョンもあると判断すれば、B君を選ぶべきだということです。

部門長は常に「次」を考えておく

当然、A君は不満でしょうから、「○○の視点からB君を選ばせてもらった」などと、説明責任を果たす必要があります。その上で、A君にはボーナスなどの報酬で報いればいいのです。本来、業績に対しては報酬で報いるべきであり、役職や地位とは分けて考えるべきなのです。

とはいえ、いくら説明したところで、納得してくれるかは別問題です。A君をB君の下に残すかどうかは、最終的には両者の判断に任せるべきでしょう。例えばA君が「どうしても一緒に仕事はできない」と言うのなら、A君を異動させるなどの措置が必要になるかもしれません。

このケースではもう手遅れかもしれませんが、本来なら数年前から「どういう基準で後継者を選ぶか」を明確にすべきであったと言えるでしょう。自分の就任中からいわゆる「サクセッションプラン」を考えておくことは、リーダーの責務です。

A

過去の業績ではなく「未来の可能性」を評価。「大リーグ方式」で後継者を選べ。

CASE 13

人手不足で八方ふさがりのプロジェクト。このままでは自分まで倒れてしまう

システム開発会社でプロジェクトリーダーを務める自分。しかし、ただでさえ人手不足で忙しい中、社員が一人病気で倒れてしまったことで、現場はまさに「修羅場」に。しかし、顧客からは「納期は絶対」と言われており、一方、会社からは「とても人手は出せない」と言われている。

八方ふさがりの中、このままでは自分も倒れてしまいそうだ……。

Q　この修羅場の中、今、自分が取るべき最善の策は何か？

「自分がやる」のは、実は最悪の選択？

このようなケースで一番多い答えは、「残った部下に頼み込んで無理をしてもらう」、そして、それでも間に合わない分は「すべて自分で抱え込む」でしょう。部下の尻を叩きながら、自分も深夜や土日を返上してなんとか間に合わせるわけです。

これは一見、責任感の表れのように思えます。しかし、実は「最悪の選択」です。

なぜなら、こうした明らかにキャパオーバーの状況で無理を重ねると、結局、そのツケは品質に跳ね返るからです。いくら納期に間に合っても、稼働したシステムにトラブルが続発してしまっては本末転倒です。

ここで問われているのは、「自分は仕事において、何を大事にするのか」という軸です。「お客様に満足していただく」ことが仕事の軸ならば、「無理をしてでも間に合わせる」という選択肢はあり得ないのです。

会社と「ガチンコ」の交渉ができるか

どうしても納期が延ばせないなら、会社から「とても人手は出せない」と言われても、どうにかして自分のプロジェクトにリソースを提供してもらわねばなりません。

例えば、他の進行に余裕があるプロジェクトから人を回してもらうように交渉する。当然、そう易々と人を出してくれるところなどないでしょうから、そこは「会社全体にとってこのプロジェクトがいかに大事か」を主張し、経営陣を説得しなくてはなりません。どこまで会社とガチンコで交渉できるかが問われます。

ここでプロジェクトマネジャーに問われるのが、「借り物競争」の力です。

優秀なマネジャーほど、自分の力だけですべてを解決しようとせず、他部門から人を借りたりノウハウを提供してもらったりと、社内外のリソースを上手に「借りて」成果を出します。

そのためには他の部門や支社、経営トップ層から若手社員まで幅広いネットワークがなくてはなりません。私はこれを「社内の神経系統」と呼んでいます。

社内にリソースがなければ、社外に求めてもいいでしょう。顧客との約束を守る上では、外注を使うという選択肢だってあるはずです。その場合はコストアップになり赤字案件となる可能性が高いですが、そこも会社側とガチンコで交渉すべきです。

本当に優秀なプロジェクトマネジャーとは「すべて自分で抱え込む」人ではなく、「誰の手を使ってでも成果を出す」「何が最適なのか、優先順位づけが明確にできる」という人なのです。

そこまでやって、それでも「無理」だと判断したら、あとはもう、お客様に頭を下げるしかありません。どんなに罵倒されても、損害賠償を請求されても、仕方がありません。

ただそれは、あくまで会社としてできないという判断を下した、という形を取らなくてはなりません。場合によっては、上司を連れていく必要もあるでしょう。やはり、「一人で抱え込む」のが最悪の選択肢です。

「修羅場」は人を育てる場でもある

ちなみに、今回のようなケースではそんな余裕はないと思いますが、プロジェクトの「修羅場」はピンチであるとともに、人を育てる絶好の機会でもあります。

ここでも、上司が「抱え込まない」ことが重要です。部下に任せた仕事が思っていたクオリティに達していなくても、自分でやろうとせずに、あくまで部下に任せる。あまりにも早く仕事を巻き取ってしまうと、その人は成長しません。

私も若い時に経験がありますが、「どうせ最後は上司がやってくれる」と思うと、人はなかなか本気を出さないものです。ギリギリまで任せて、本当にどうしようもない時だけ巻き取るのです。

当然、落ち着きません。しかし、それに耐えるのもマネジャーの重要な仕事なのです。

A

「抱え込む」のは最悪。手を尽くして社内のリソースを引き出せ。

CASE 14

役員からの「RPA導入」の指示で、部署が分裂の危機に!?

役員から「RPAについて調べてみて」という指示が、経理課長である私の元に下りてきた。しかし、この話題は経理部ではタブーであったらしく、「RPA」という言葉が出た瞬間、部内が凍りついてしまった。どうもみんな「自分たちの仕事を奪われるのでは」と勘繰《かんぐ》っているらしい。そのせいか、どうも最近、部内がピリピリしている。

しかし、私の作ったレポートを見た役員からは、「RPAはぜひ進めるべきだと思うが、どうか?」と意見を求められている。部内の抵抗は必至だが、果たして……。

Q

**役員の指示通り、RPA導入を進めるか？

それとも「時期尚早」と反対するか？**

業務効率化と余剰人員は表裏一体

「業務を効率化すれば、人は余る」

これが、経営のリアルです。

昨今はRPAやAIなどによる「業務効率化ツール」が花盛りであり、比較的簡単にコスト削減効果が得られるということで、ちょっとしたブームにもなっているようです。しかし、「業務効率化」を軽々しく口にする人は、「余った人をどうするか」にまで考えが及んでいないことが多いのが現状です。

とはいえ、「人を余らせるわけにはいかないから、業務の効率化を見送る」というのはまったくの本末転倒です。

ツールによって代替可能な業務は、遅かれ早かれ、なくなっていく運命にあります。そのような仕事を無理やり延命させたところで、それは会社のためにも本人のためにもなりません。

つまり、もしＲＰＡ導入により業務効率化が成し遂げられるのであれば、それをやらないという選択肢はないのです。

「今の仕事はなくなるが、代わりの仕事がある」と言えるか

ただ、このケースのように、社内の反発は必至でしょう。では、どうすればいいのでしょうか。

重要なのは、次のオファーをセットで伝えることです。「ＲＰＡ導入で今の仕事はなく

なるかもしれません。その代わり、こういう仕事をやってもらいたいと思っています」とはっきり伝えるのです。

つまり、この問いにおいて役員に対して答えるべきは、「RPA導入は進めるべきだと思います。ただ、同時に人員をどのように活用するかについて相談させてほしい」ということになるでしょう。おそらくは経理部だけで済む問題ではなく、部門をまたいだ話になる可能性が高く、まさに役員クラスの調整が必要な案件だからです。

とはいえ、これは何も目新しい話ではありません。古くは電卓やタイプライターの登場に始まり、コンピュータ、インターネットと機械化やIT化が進むたびに多くの業務がテクノロジーに代替されてきました。

そして、そのたびに誰もがより生産性の高い仕事へシフトしてきました。今回はそれがRPAだというだけで、過去から繰り返されてきた流れとなんら変わりはありません。

冷徹な選択肢が、むしろその人のためになることも

とはいえ、中には「自分は入社以来、経理ひと筋でやってきた。今さら他の仕事はできない」と抵抗する部員もいるでしょう。それに備えて、もう一つの「オファー」も検討すべきでしょう。それは、すなわち転身支援です。

「申し訳ないのですが、今までのような経理の業務はなくなってしまいます。その代わり、転身支援制度を活用して、あなたの経験を活かせる別の会社を探しませんか」などと提案するのです。

冷たい提案に聞こえるかもしれませんが、本人がオペレーショナルな経理作業が好きで、やりがいを感じているなら、引き続き同じ仕事ができる環境に移ってもらうのは決して悪い話ではないはずです。

また、この会社のようにＲＰＡを導入する予算のある企業ばかりではなく、世の中にはまだまだ人の手による作業が中心の会社も数多くあります。探せばその人のキャリアを活かせる新天地がきっと見つかります。

誰だって、「自分の仕事が奪われる」と思えば、反発するのは必至です。それに対してどんな「オファー」ができるか。リーダーにはそれが問われるのです。

A

「冷静なオファー」を準備しつつ、業務効率化はあくまで進める。

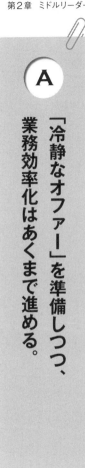

CASE 15

「KYな部下」にチームメンバーから非難囂々《ごうごう》！

自部門の非常に有能なベテラン社員から、ある日突然、別室に呼び出された。チームメンバーのA君が腹に据えかねているらしく、「偉そうに意見するくせに、ケアレスミスばかり」とカンカンだ。ちなみにもう一人のメンバーであるB君には、「ミスをしないし、周りへの気遣いも行き届いている」と手放しで絶賛。

確かにA君は、空気を読まず、先輩に対しても「そのやり方は非効率ですよ」などと平気で言ってくる。一方、B君は常に上を立てる、いわゆるかわいい部下。部門のムードメーカーでもある。そんな時、B君を定期異動で別部門に、という話が来た。もし受け入れたら先ほどのベテラン社員の怒りに火を注ぐのは必然だ。

Q

**あなたは「かわいい部下」を異動させるか？
それとも「KYな部下」を異動させるよう訴え出るか？**

新たな価値創出を目指す段階なら「KYな部下」

これからの時代はチームの中にできるだけ「KYな部下」を増やすべきだというのが、私の基本的なスタンスです。

日本の組織は元々同質性が強く、さらに、「場の空気を乱してはならない」という同調圧力もあります。しかし、イノベーティブなアイデアを生み出すには、多様な視点や価値観をチームに取り込み、お互いの意見を戦わせたり、刺激しあったりするプロセスが不可欠です。私はそれが欠けていたことが、日本の「失われた20年」の原因になってしまったとすら考えています。

その意味では、空気を読まず、周囲の顔色をうかがうこともなく、誰にでも遠慮なく意見を言えるA君は、チームの成長に貢献してくれるはずです。


では、A君を残すのが正解なのかというと、話はそう単純ではありません。

例えば、業務の性質上、少しのミスが致命的な問題になりかねないような部門であれば、ミスをしないB君を選ぶべきでしょう。また、業績が非常に厳しく、とにかく一丸となって結果を出さなければいけない状況であれば、やはりB君のほうが適任ということになると思います。

【ケース8】にて、マネジャーの仕事は「自分の組織及び関連する組織のアウトプットを最大化すること」だというインテル元社長のアンドリュー・グローブの言葉を紹介しました。これは、人事を考える上でも同じです。「自分の組織及び関連する組織のアウトプットを最大化するには、どのようなチームバランスが最適か」によって、どんな人事を行うべきかの答えは変わってきます。

少なくとも、上司やチームメンバーの「好き嫌い」で人事を考えるようなことはすべきではありません。

大事なのは「説明の軸をブラさないこと」

さて、このケースでもしA君を残すという決断をした場合、ベテラン社員の反発は必至でしょう。しかも相手が年上の部下だったら、なおさら「機嫌を損ねたら厄介だ」という心理が働くかもしれません。

しかし「リーダーの役割は、チームのパフォーマンスを最大化すること」という判断軸の元にA君を残すと決めたのなら、あとはベテラン社員に対して理由を説明すればいいだけです。

「自分たちのチームがこれから目指すのは既存の手法を脱却して売上を伸ばすことであり、現在のチームに足りないのは、新しい視点や意見を遠慮なく持ち込んでくれる人材だ。

二人を比較して、その資質を持っているのはA君と判断したので、彼を残すことにした」

例えば、このような明確なロジックをもって伝えるのです。もちろん、相手が納得してくれるかどうかはわかりませんが、上司としての説明責任は果たせます。

ここで大事なのは、発言の軸をぶらさないことです。ある時は、「チームのパフォーマンスを最大化すること」が大事と言いながら、別の件では「業績よりもチームの和を大事に」などと言っているようでは、信用は得られません。

A 自分の好き嫌いでも、周囲の評価でもなく、「アウトプットの最大化」の視点から選ぶ。

COLUMN
ワンポイントアドバイス
3

「打たれ弱い若者」をどう指導するか？

「能力」と「プライド」のギャップが若手を苦しめる

「最近の若手は打たれ弱い」

「ダメ出しや批判を怖がる」

そんな声をよく聞きます。

もし若い世代にそうした傾向があるとしたら、それは失敗を経験する機会が減っていることが原因の一つと考えられます。特に学歴が高い人ほど、社会に出るまで挫折を味わったことがないため、少しの失敗で心が折れやすくなります。

産業医の大室正志氏によれば、人間のメンタルを支えるのは「能力」と「プライド」のバランスだそうです。

受験戦争を勝ち抜いてきた優等生は、入試に合格したり、テストで良い点を取るたびに、能力が上がっていきます。それに伴って、プライドもどんどん高くなる。この段階では、能力もプライドも上昇を続けるので、二つのバランスは保たれます。

ところが社会人になった瞬間、「能力」はゼロになります。ジョブ型雇用を前提とした専門教育を受ける欧米の学生たちとは異なり、日本の会社はまだまだメンバーシップ型雇用が中心なので、大学まで学んできたことは仕事で通用しない場合がほとんどだからです。その一方、「プライド」は高いままなので、二つの均衡は一気に崩れます。

プライドは高いのに、仕事では能力を発揮できない。このギャップが若手社員を苦しめるわけです。

丁寧なコミュニケーションでプライドを取り除く

この問題はずっと以前から存在していました。しかし、かつては相手のプライドなど気にせず、厳しく指導する体育会系の会社がほとんどでした。結果的にプライドが打ち砕かれ、能力とのバランスが取れることになったわけです。

しかし、これは若手がいくらでも補充できた時代だから通用した話です。今はこの方法は「パワハラ」とされてしまいますし、そもそもそんなことをする会社には、誰も人が入ってこなくなります。

では、どうすればいいのか。やはりポイントは「能力」と「プライド」のバランスを取ることです。しかし、高圧的にプライドを叩き潰すのではなく、あくまで婉曲に。

例えば、ミスをした若手に対して、「経験が浅いうちは誰もが通る道だ」「失敗から何を学ぶかが重要だ」といった声がけをすることで、自分がまだまだ未熟であることをあくまで婉曲に悟らせるわけです。こうしたことの積み重ねで、徐々にプライドをリセットしていく必要があるでしょう。

手間がかかって大変だと思うこともあるかもしれません。しかし自分が若い頃の感覚のまま、「俺の背中を見て学べ」と突き放すやり方では、部下の育成はうまくいきません。時代の変化とともに、マネジメントの手法もアップデートが求められているのです。

第3章

あなたの人生を左右する「キャリアの修羅場」

第3章では、自分のキャリアに訪れる
「修羅場」について考えます。
終身雇用が大前提の時代が
終わってしまった今、ビジネスパーソンは
自らのキャリアを自らの手で切り開く必要が出てきます。
恩人に起業しようと誘われたがどうするか。
成長が見込めない今の業界から飛び出すべきか。
突然の「英語公用化」にどう対応すればいいのか。
こうしたキャリアの一大転機をどう乗り切るかを
想定してみてください。

CASE 16

「我が子と部下のどっちが大事なの？」と詰め寄られ……

二人の子供を持つミドルマネジャーの自分。ある日、専業主婦の妻から、「我が子と部下のどっちが大事なの？」と問い詰められ、週末は完全に家庭のために時間を使うことを約束。妻の機嫌は直ったが、自分の時間がまったく取れなくなってしまった。

平日は遅くまで残業、週末は家庭。週末によく行っていたジムや本屋にもしばらく行けていない。このままだと自分がどんどん劣化していきそうで怖い。かといって時間はない……。

Q

あなたがこのミドルマネジャーならば、どう仕事と家庭を両立する？

どんなに忙しくても「振り返りの時間」を持つ

まさにミドルマネジャーの多くが今、直面している問題だと思います。

子供が小さいうちは、自分の趣味の時間はある程度、犠牲にするしかないでしょう。しかし、このケースのように「自分の能力を磨く時間も取れない」というのでは問題です。

そんな方にまずお勧めしたいのは、個人でＰＤＣＡを回すことを心がけるということ。「自分の達成したい長期の目標」を設定した上で、「定期的に振り返る」ことです。

「自分は社会に対してどのような価値を提供できるか」をまず考え、仕事の目標はもちろん、個人として身につけたいスキルや勉強すべきことなども挙げておきます。そして、その目標の達成度合いや時間の使い方などを定期的に振り返り、ＰＤＣＡサイクルを回していくのです。

それだけでも、時間の使い方は変わってくるはずです。

振り返りの時間は週2、3時間もあれば十分でしょう。職場でも家庭でもない、「第三の場所」で行うのがお勧めです。

私は本当に忙しかった時期、土曜の早朝にファミリーレストランへ行き、そのための時間を確保していました。これなら、日中は丸々家族のために使えます。

とはいえ、何も言わずにふらっといなくなるのはＮＧ。「こういう理由で振り返りの時間を持ちたい」と配偶者にきちんと説明しておくことが、家庭円満の秘訣です。

「決められない」から時間が足りなくなる

もし、あなたが「週2、3時間を割くことすら難しい」というのなら、仕事の進め方に根本的な問題があると考えるべきでしょう。

そして多くの場合、根本的な問題は「意思決定のスピード」にあります。つまり「決められないから時間がかかる」のです。

「メールにどのような返事をするか」から、「どんな成長戦略を描くか」まで、仕事は意思決定の連続です。ここで「徹底的に情報を集めてから判断しよう」とか、「全員の意見を聞いてみよう」などと考えると、いつまでたっても決められません。

そもそもビジネスの世界に、「絶対の正解」は存在しません。なのに、それを求めようとするから、時間が足りなくなるのです。

つまり、多少気持ち悪くてもどこかの時点で「決める」しかないのです。

日常の些細な選択を軽視してはいけない

では、どうすれば意思決定のスピードを上げられるのか。これはもう、実際に意思決定を繰り返す他ありません。

仕事はもちろんですが、日常でも意思決定のスピードを鍛えることは可能です。

コツは「何でもいいよ」と「どうしようか」を絶対に言わないこと。

例えば上司から昼食に誘われ、「何を食べたい？」と聞かれて、「何でもいいです」と答えない。同僚と食事に行く際、「今日はどうしようか」と判断を人にゆだねない。日常の些細《ささい》な選択においても「自分はこう思う」とポジションを明確にして、「素早く意思決定する」ことを習慣化するのです。

序章にて、仕事において「ポジションを取る」ことの重要性についてお話ししましたが、それを日常生活においても行うというわけです。

ビジネスには絶対の正解がないと申しましたが、その傾向は立場が上になればなるほど顕著になります。

例えば経営者が行う意思決定において、社員全員が賛成するような選択肢などほぼ存在しません。しかも、何かを選ぶということは、選ばなかったほうを犠牲にするということでもあります。

こうしたシビアな意思決定は、経営トップになったからといってすぐにできるものではありません。できれば若いうちから経験を積んでおくべきでしょう。

「仕事と家庭との板挟み」はシビアな状況ですが、「意思決定力を鍛えるいい機会」だと捉えて、前向きに乗り切ってください。

A

週2、3時間でいいので「自分を振り返る時間」を持とう。

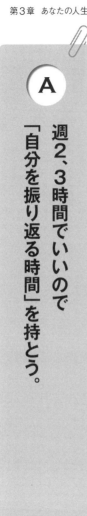

CASE 17

突然の「社内での英語公用語化」で大ピンチに！

外資の傘下に入った我が社。「来期から社内公用語を英語に」という指示が発せられ、上司や部下にも外国人が多数入ってくることになった。私は入社以来20年、ずっと国内営業を担当してきており、英語が大の苦手。苦手なことに時間を使うくらいなら、いっそ同業他社に転職してしまおうかとすら思う。もちろん、数カ月で英語を身につける方法でもあるなら別だが……。

Q 覚悟を決めて英語に打ち込むべきか？ いっそ、転職してしまうべきか？

まず考えてもらいたい「二つの問い」

この問題に答えを出すためには、自分の仕事に関する非常に本質的な二つの問いについて考える必要があります。

すなわち「自分は仕事において何を達成したいのか」、そして「自分が最も能力を発揮できる分野はどこか」ということです。

もし、自分が能力を発揮できるのはあくまで営業であり、自社製品を世の中に広めることに大きな価値を見出しているなら、やはり今の会社に残るべきでしょう。

一方、営業という仕事は天職だと思っているが、正直に言うと、会社自体に強いコミットがあるわけではない、というのなら、転職を視野に入れるべきでしょう。

この際、「CAN（できること）」「WILL（したいこと）」「SHOULD（すべきこと）」の三つの視点から考えることで、自分の進むべき道が見えてくるはずです。

英語は「道具」。なければ借りればいい

今の会社に残るという判断をした場合、当然、英語の問題が出てきます。

ただ、あなたの能力が会社にとって必要不可欠なものならば、英語力の不足は大きなハンデにはならないはずです。余人をもって代えがたい営業力を持つあなたとのコミュニケーションが不可欠である以上、周りの人が率先して通訳してくれたり、様々な救済策を考えてくれるはずだからです。

結局、英語はあくまで「道具」に過ぎません。自分が持っていないなら、誰かから借りればいいのです。

今や世界30以上の国・地域に広がるグローバルブランドとなった「無印良品」を運営する良品計画では、海外進出を始めた当初、語学力のある社員を優先的に海外に派遣していたそうですが、徐々に語学力はなくても仕事の能力が高い人を派遣するようになって、拠点経営がより効果的に、上手くいくようになったそうです。

重要なのは語学力ではなく仕事力だということを示す好例です。

40代からは苦手の克服より「得意を磨く」

少々残酷なことを言うようですが、ある程度の年齢になってから、ずっと苦手だったことを克服するのは正直、至難の業です。英語力を身につけるにも、20代の頃と比べたら、40代ではその数倍の時間と労力が必要でしょう。だったら、得意分野を伸ばすほうがよほど効率的です。

英語に限らず、40代を過ぎたあたりからは「苦手を克服する」よりも「得意分野を磨く」ことに注力すべきでしょう。例えば、論理的思考は苦手だが、情と熱意で人を動かすのが得意だというのなら、その能力を徹底的に磨くべきです。

とはいえ、学んでみたいという意思があるなら「40代からの語学学習」も決して悪いことではありません。実は私も50歳近くになってから中国語を学び始め、いまだ片言ではありますが、仕事に多少役立っていると思っています。語学ができると世界が広がることは紛れもない事実です。


短時間で語学が上達する裏ワザは知りませんが、どの言語にも「習得のコツ」があるように思います。

例えば中国語はとにかく発音が重要。一方、英語は「文法」をしっかりと習得し直すことが上達のコツのように思います。少なくとも、「とりあえず英語を身につけたい」と、なんとなく英会話教室のグループレッスンに参加しているだけでは、英語力向上は望めません。

今後、日本人の働き方は、自分はどんな職務をこなせるかという「ジョブ型」にシフトしていきます。【ケース16】でも述べたように、「自分はどのように世の中に価値を提供できるのか」「そのためには何をすればいいのか」という長期プランを立て、定期的に振り返る時間を持つことをぜひ、お勧めしたいと思います。

A

英語はどうにかなる。むしろ「今の仕事を今の会社で続けたいか」で判断を。

CASE 18

突然の病魔により、今までのキャリアがゼロに……

社内のエースとして順調に出世街道を歩んできた自分だったが、40代半ばのある日、突然、病魔に襲われた。なんとか現場復帰したものの、しばらくは長時間労働も飲酒も厳禁となってしまった。

とはいえ、「体育会系」の我が社では、長時間労働も飲み会の席での交渉も当たり前。チームを引っ張るべき自分がこの状況では示しがつかず、会社からも「もう少し楽な部署に異動しては」と持ち掛けられている。しかし、自分の今までのキャリアを無にするのはあまりにもつらい……。

Q　このような状況の中、あなたはどのように
キャリアプランを描き直せばいいのだろうか？

キャリアのゴールが「出世」でいいのか？

ちょうど40代くらいで直面することの多い、極めて深刻な悩みです。私自身、20代の時に大病を患《わずら》ったことがあるので、気持ちもよくわかります。

ただ、「キャリアが無になる」とありますが、キャリアとは「社内の出世」だけなのでしょうか。だとしたら、それはあまりにも視野が狭いと言わざるを得ません。

仕事の価値とは本来、誰に対してどんな付加価値貢献を提供したかということです。病

気により今までと同じ方法でその価値を提供できなくなったのなら、別の形で価値を提供できないかをまずは考えるべきです。

もし、ユニークなマーケティング施策の立案が得意だったとしたら、その知見を活かして営業サポートに回るというのも一案です。そこでまた成果を上げれば、出世や報酬も自動的についてくるはずです。

出世欲が悪いとは言いません。しかし、出世が目的化すると、自分の出世を左右する経営陣や上司に頭が上がらなくなります。部下はそのあたりを非常によく見ていますから、そんな上司にはついていきません。

そもそも、上にこびへつらったところで、誰もがエスカレーター式に出世できるような時代はとっくに終わっています。結局、「どうやって貢献するか」を考えることが、出世の近道でもあるのです。

「自分の仕事の価値とは？」――立ち止まって考える

この際に役立つのは、戦略立案で使う「3C」というフレームです。「市場(customer)にはどんなニーズがあり」「自分(company)はどんなことができ」「それは競合(competitor)に勝てるのか」から自分の比較優位性を見出し、それを元にキャリアを描くのです。

それらを踏まえた結果、もし今の会社で貢献できる場がないというのなら、本当に貢献できる会社に転職するという選択肢もありでしょう。

あるいは「やっぱりこの会社が好きだ」というのなら、どうすれば会社に貢献できるかを改めて考えてみるべきです。それが本当の意味で「キャリアを考える」ことです。

これは本来、誰もが一度はどこかで考えておくべきことです。ただ、その前に病気になってしまったのだとしたら、「神様がくれた振り返りの機会」だと思うべきでしょう。

「何もない状況」が特殊なのだと考えよう

野球の、しかも古い話で恐縮ですが、80～90年代に活躍した読売ジャイアンツの吉村禎章選手は、選手としての絶頂期に試合中の事故で大けがを負います。その後、1年以上のリハビリを経て復帰し、その後は代打の切り札としても活躍しました。

おそらく、「ケガをしたのは仕方がない。ならば、今後はどうやって貢献するか」を考えたのだと思います。見事な復活劇でした。

そもそも、人生にはいつ何時、どんな障害が待ち受けているかわかりません。それは自分自身のこととは限らず、親の介護かもしれませんし、家族の病気かもしれません。

そのたびに「なんでこんなことに」と文句を言うだけ時間の無駄。さっさとマインドチェンジを図るべきです。

先述したように私は20代で大病を患い、このケースと同じく「残業NG、お酒NG」の生活を10年ほど強いられました。当時は起業したばかりの一番忙しい時期でしたが、飲み会にはウーロン茶で参加するなどしてなんとか乗り切りました。
なんの問題もなく働けるという状況を、幸運で特殊なことだと思うべきなのです。そして、抗《あらが》えない人生のハードルが現れた時、それに対していかに柔軟に対応できるか。人生は結局ケセラセラだ、と思える人が強いのです。

A

「復帰」が正解とは限らない。病気というピンチを「自分の価値を見直す」機会に。

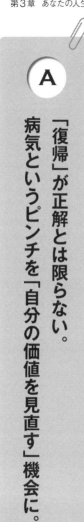

CASE 19

「恩人」の上司が退社して独立。私もついてくるよう誘われているが、迷う

入社以来世話になっており、目をかけてくれているA本部長。だが、トップとの対立から会社を去り、別会社を立ち上げることになった。そんなA本部長から、「君も新会社に来てほしい」と誘われた。新たな挑戦には非常に魅力を感じるし、評価してくれたことも嬉しい。

ただ、今の仕事が不満というわけでもなく、課長としての責任もある。年齢もすでに40過ぎで、家族のこともあってあまり無茶もできない。しかし、恩人の誘いも無下にはできず……。

Q　40代でのチャレンジは可能？　どのように自分の道を選べばいいのか？

恩人への「情理」ではなく「合理」で判断する

つい間違いがちではあるのですが、このケースで自分に問うべきは、「A本部長と自分との関係」ではありません。問うべきはあくまで、「A本部長の立ち上げる事業」についてです。その事業が客観的に見て筋が良く、十分な成功が見込めるものなのか、経済合理性に適う十分なリターンが得られるかどうかで決めるべきであり、「A本部長にどれだけお世話になったか」は、この際、除外して考えなくてはなりません。

設立したばかりの会社に創業メンバーとして参画することは、自分の人生を投資するようなものです。投資に見合うリターンが得られるかどうかを冷静に判断しなければ、きっと後悔することになります。どれだけ世話になったかという「情理」ではなく、あくまで「合理」で判断すべき事柄なのです。

ただしこの場合の「リターン」とは、お金だけを指すのではありません。新しい事業にチャレンジすることで得られる可能性があるものは、他にもいろいろと考えられます。

事業成長への意欲が高い人なら、一から興したビジネスを拡大させていく手応えや達成感がリターンになります。あるいは「世の中を良くしたい」という使命感が強い人なら、新しい事業を社会貢献性の高いものに育てていくやりがいこそがリターンになるでしょう。「事業として成立するかどうか」はもちろんのこと、自分が残りの人生を投資するに値する事業なのかを、大事にしている価値観や志向性と照らし合わせてみる。それが「筋が良い事業か、悪い事業か」を判断する軸になります。

もちろんお金へのこだわりが強い人なら、「新事業で大儲けできるかどうか」で判断すればいいでしょう。それも一つの判断軸であり、別に悪いことではありません。

ワーストシナリオを家族に説明し、理解を得る

自分の判断軸に照らして考えたところ、十分に筋が良い事業だと思えるし、チャレンジもしてみたい。本人がそう判断したのなら、このケースで残る課題は家族の理解を得ることです。

ここでお勧めしたいのが、「ワーストシナリオ」を作成してみることです。

どんな事業も、最初から順調にいくとは限りません。むしろ、確率的に言えば、新事業は失敗に終わることのほうが多いとすら言えます。だからこそ、もし失敗に終わったらどうなるのかをあらかじめシミュレーションしておく必要があるのです。

例えば、事業が軌道に乗るまで最低3年はかかるとして、その間は給料がゼロになる可能性もあると考えます。そう考えた時、チャレンジのためには最低3年間、家族が食べていくだけの貯蓄があることが不可欠となります。

さらに、もし3年経っても事業が軌道に乗らなければ、再び会社勤めに戻るとします。しかし、以前と同じ給与水準を得られるとは限りません。そこで、仮に今の7割の給与で

生活を回していけるかを考えてみます。

これらのシミュレーションをした上で、「なんとかなる」というメドが立つなら、あとはパートナーに対して、このシナリオを元に説明をすればいいでしょう。

「自分にはどうしてもやってみたいことがある。最悪の場合、3年間は無収入になるが、貯蓄でやっていける。もし3年経ってもダメなら会社員に戻るが、給与が今の7割に下がっても生活はできるから問題ない」

このように、事実を粛々と伝えるのです。

こうした説明なくして、いきなり「今の仕事を捨ててベンチャーに飛び込む」と言い出したところで、反対されるのがオチでしょう。しかし、このように最悪のシミュレーションをしてみることで、不安はある程度解消されるはずです。

人間は自分がわからないことに対して不安や恐怖を抱きます。たとえ最悪のシナリオであっても、先の道筋が見えることで、家族の不安はいくぶん和らぐものです。


なお、このケースでは、40代という年齢を気にしていますが、新しくチャレンジするのに遅すぎることはありません。むしろ年齢が上がって50代に近づけば、子どもが独立して家計の固定費が下がる家庭も多いので、セカンドキャリアとして独立や転職を考えるなら、かえって良いタイミングとも言えます。

仕事人生の残り時間が少なくなりつつあることを実感する世代だからこそ、自分の判断軸に照らして、本当に自分がやってみたいことに挑戦する。それも一つの選択ではないでしょうか。

A

恩人への義理はいったん忘れ、あくまで「事業そのもの」を軸に見極める。

CASE 20

取引先を信じて独立したのに、突然「なかったことに」と言われ……

信頼していた取引先の社長から、「君が起業したら、必ず1億を出資する。うち以外の顧客も紹介する」という話をもらっていた。そこで思い切って脱サラ起業。先行投資も進めていたところ、「やっぱり出資の話はなかったことにしてくれ」と突然言われてしまった。

口約束だったのでどうすることもできない。このままでは退職金が尽きるのも時間の問題だ……。

Q 借金をしてでも続けるか？ それとも手じまいして損切りして、再就職するか？

決断を先延ばししても、傷が深くなるだけ

この社長への怒りや恨みはわかりますが、こうなってしまった以上、完全に「合理」で考えるべきです。「せっかく起業したのに、すぐに会社をたたむなんてみっともない」「先行投資したお金がもったいない」などと「情理」に引っ張られると、冷静な判断ができません。

まずやるべきは、既存の事業計画をどこまで下方修正できるか検討すること。最初に立てた計画は、取引先からの1億の出資を前提にしているわけですから、代わりの資金をい

くらまでなら調達できるかを速やかに計算する必要があります。

自宅を担保にすれば、銀行から2000万円は調達できる。親戚に頼めば、1000万円は借りられそうだ。では、当初の予定だった1億円の資金調達を3000万円に下方修正した場合、戦略的に見て事業を継続的に回していけるのか。

このように「勝つための事業戦略」「戦略を実行するための事業計画」「事業を下支えする資金調達」の三つがワークするのか、合理的に判断することが必要です。

もし3000万円の資金調達では事業が立ち行かなくなるのであれば、今すぐ撤退すべきでしょう。決断を先延ばしにすれば、傷が深くなるだけです。

すでに先行投資として自分のお金を注ぎ込んでしまったかもしれませんが、それは勉強代だと思って潔くあきらめるしかありません。

どんなに親しい相手でも、約束事は必ず書面で残す

一方で、資金調達が3000万円に減っても、計画を見直すことで事業を回していける

と判断したなら、会社を続ける決断もあり得ます。

私の知り合いに、まさに同じような経験をした人がいます。

まだ若かった頃、ある人から「自分が社長になって出資もするから、二人で起業しよう」と持ちかけられて会社を設立したものの、社長はすぐに「やっぱり自分はやめる」と言って姿を消してしまったそうです。

たった一人で残された彼は、それでも事業を継続すると決めました。そして30年近く経った現在は、数百名の従業員を抱え、安定的に利益を生み出す優良企業へと成長を遂げています。

ただし彼の場合は、若さゆえの勢いで突っ走った結果、うまくいったというところもあるので、ミドル世代はやはり、より合理的に判断することが必要です。

むしろ彼の事例から学ぶべきは、「大事なことは口約束にせず、必ず紙に残せ」ということでしょう。どんなに仲の良い仲間や信頼している相手でも、一緒に起業したり、ビジネスで取引をするのであれば、約束事は書面にするのが必須です。

私も多くのベンチャー企業を見てきましたが、創業メンバー同士が仲違いしたり、衝突したりするのは日常茶飯事です。そしてトラブルの火種になるのは、大抵が「お金」です。特にビジネスがうまくいった場合ほど、お互いの取り分をどうするかで揉めます。お金が原因で人間関係が破綻し、経営にも悪影響が及んで、せっかく軌道に乗った事業が傾くこともあるので要注意です。

「人間関係の悩み」は、むしろ少人数の組織ほど深くなる

ちなみに、「今の企業を飛び出したい」という理由として、「しがらみの多い会社の人間関係から抜け出して、少人数のベンチャーでのびのび働いてみたい」という人も多いかもしれません。特に旧来型の大企業に勤めるような人は、日々、そういう思いを抱いているかもしれません。

しかし、それはちょっと考えものです。組織は一般的に、小さくなればなるほど人間関係が濃密になるからです。そこに気の合わないメンバーがいれば、極めて息苦しくなります。大きな組織なら、同じ部署に一人くらい合わない人がいても距離を取ることができます

し、どうしても嫌なら異動願いを出すこともできます。しかしメンバーが数名しかいないベンチャー企業では、逃げ場がありません。だから衝突も起こりやすいのです。

私も経験者であるのでよくわかるのですが、独立・起業の夢と現実の間には大きなギャップがあります。だからこそお金や人間関係のことは徹底して合理で考え、行動することが必要なのです。

A

恨み・つらみは封印し、今すぐ計画を再検討。厳しいならばすぐに撤退を。

CASE 21

誰がどう見ても「衰退業種」の我が社。正直、未来が見えない

長年、ネクタイを中心に手がけてきた我が社。昨今の「クールビズ」に、「在宅勤務」が加わって市場の減少は加速する一方だ。しかし経営陣やベテラン社員は「売上はまだしばらくゼロにはならない」と何も手を打とうとしない。

だが、このままでは未来はないし、何より「衰退産業」などと言われ続けては社員の士気も上がらない。

Q あなただったらどう局面を打開する？ あるいはいっそ転職を？

社長になったつもりで「最悪のシナリオ」を作ってみる

私の知人にもネクタイ業界の人がいるのでよくわかりますが、この業界の方は本当に大変だと思います。「クールビズ」の名の下に国を挙げて市場規模を縮小させただけでなく、昨今のリモートワークや在宅勤務の推奨により、そもそも外を出歩く機会も減ってしまったのですから。

ネクタイ市場はなくなることはないと思いますが、今以上に縮小することは確実です。ならばここでも、「最悪のシナリオ」を元に生存戦略を考えてみるべきです。

自分が社長になったつもりで、もし需要が今の半分になったらどうなるかを考えてみる。そして、社内や取引先とのしがらみにとらわれることなくフラットな意思決定ができるとしたら、将来の生存戦略をどのように描くか。それを考えるのが第一歩です。

おそらく、その結果はかなりドラスティックなものとなるでしょう。例えば、今ある二つの工場のうち一つを閉鎖し、人員も半分くらいにしなくてはならない。しかし、人員削減のために早期退職を募るとしたら、そのための資金が必要となる。果たして、その余力はあるのか……。

自分が作った戦略と、経営陣のどちらを信じるか

こうして自分で立ててみた計画や見込みを、そのまま経営陣にぶつけてみましょう。そして、意見を求めます。

仮に経営陣が「君が作ったのはあくまで最悪を想定した計画だ。実際はそこまで需要は落ち込まないだろうし、この会社はまだまだやっていける」と反応したとします。その根拠を聞いて、あなたが納得できるのならいいのですが、もし、「その見込みは甘い」と思うのなら、あなた自身も進退を考えるべきだと言えるでしょう。

現場よりも経営陣のほうが「甘い見込み」を持っていることは、往々にしてあるものです。しかし、その甘い見込みで会社を走らせるのは極めて危険であり、そのツケを払うのはいつも、現場で働く社員たちなのです。

あえて「しんがり」を務め、「修羅場」を体験する手も

ただし、これまた少々「ダークサイド」の意見となりますが、もし、あなたがまだ若くてやり直しが利く、あるいはいつでも転職できるスキルを持っている、というのなら、あえて会社に残って「修羅場を経験する」という選択肢もあり得ます。企業の倒産をリアルに体験する機会は、ビジネスパーソンにとって得難い経験になるからです。

一つの会社を終わらせるには、どのような手続きや処理が必要か。最後が迫った時、経営陣や幹部社員たちはどんな行動に出るのか。現場の社員たちはどう反応するのか。こうした極限状態を目のあたりにする機会はめったにありません。

しかも黙って見ているのではなく、自ら進んで面倒ごとを引き受ければ、自分のキャリアにとって確実にプラスになります。

企業が民事再生や破産の手続きを進める過程では、債権債務や取引先との関係、従業員の処遇への対応といった大変な仕事が待っています。債権者との調整や弁護士・税理士など専門家との連携、行政や裁判所への各種申請など、膨大な作業や事務処理も発生します。だからこそ、法律や財務などの知識が身につき、人の動かし方や人間の本質を見抜く目も養われて、経営人材として格段にレベルアップできるのです。

そして、倒産の修羅場を味わえば、怖いものがなくなり、肝も座ります。そんな人材はどんな企業からも引く手あまたでしょう。

かつて山一證券が自主廃業した時にしんがりを務めた石井茂氏は、その後ソニーに招かれ、ソニー銀行やソニーフィナンシャルホールディングスの社長を歴任しました。私は石井氏と親交がありますが、経営者としても一人の人間としても本当に素晴らしい方で、やはり地獄を見た人間は違うものだと感服しています。

一般に「衰退業種」と言われる業種で働くのは、決して楽しいことではないかもしれません。しかし、心の持ちようによってそれは、得難い体験にもなるのです。

A

社長になったつもりで中長期戦略を作り、経営陣にぶつける。その反応によって進退を判断する。

第４章

リストラ、不正、顧客トラブル……ある日突然起こる様々な「修羅場」

第４章ではテーマを限定せず、
深刻な「修羅場」の数々を取り上げます。
ニュースで報じられるほどの大クレームが発生した。
自部門の人員をリストラしなければいけないなど、
仕事人生でそう何度も経験する修羅場ではないからこそ、
いざという時に備えて
仮説を立てておきたいところです。

CASE 22

大クレーム発生！　混乱の嵐の中で、何をすればいいかもわからない……

満を持してスタートした新しいオンラインサービスだが、顧客数が想定以上だったこともあり、システムが早々にパンク。さらに、システムそのものの使い勝手についてもクレームが殺到する事態になってしまった。

さらに悪いことに、このトラブルを聞きつけたメディアに大々的に報じられてしまった。

早急に問題解決を図らねばならないが、担当者はほぼ全員、クレーム対応に追われてまったく動けない状態だ……。

Q 新サービス責任者のあなたが、事態を収拾するため真っ先にすべきことは？

顧客にこれ以上迷惑をかけないことが最優先

この場合、真っ先にやるべきことは明らかです。速やかに会社として失敗を認め、顧客であるユーザーに謝罪し、現状を事実ベースで伝える。これしかありません。

事態の収拾にあたる際に優先順位として最上位に来るのは、「顧客にこれ以上の迷惑をかけないこと」であるはずです。対処が遅れれば、二次被害、三次被害が起こる危険性もあります。それを回避するには、顧客に対して正確な情報開示を行うことが必須です。

よって、まずは記者会見やプレスリリースで「今回のトラブルにより、皆様にご迷惑をおかけしたことを心よりお詫び申し上げます」と会社として明確な謝罪の意を示し、システム障害の規模や範囲、使えなくなっている機能などについて、現在わかっている情報をすべて公開する。これをできるだけ早くやるべきです。

もちろん同時に解決策も考えなくてはいけませんが、リカバリープランを作るには一定の時間がかかります。それを待っていたら情報公開が遅れる一方なので、とにかく起こってしまった事象について顧客への説明を迅速に行うことが重要なのです。

リカバリープランについては、「現在善後策を検討しておりますので、対応が決まり次第、速やかに皆様にご報告します」とひとまず伝えておけば問題ないでしょう。

会社や責任者が自己保身に走れば、さらなる炎上を招く

ところが実際は、会社やプロジェクト責任者が情報を隠したり、ごまかそうとしたりす

るケースが後を絶ちません。「失敗を認めたら、会社の名前に傷がつく」「自分の社内での立場が危うくなる」といった邪念が入るからです。

また、会社や責任者が自己保身に走ると、謝罪するにしても言い訳がましい表現になってしまいがちです。

「会社としては想定内のアクセス数でしたが、現場のエンジニアがサーバーリスクを過小評価しておりました」

このように「自分たちは悪くない」と匂わせるようなロジックを組み立てるのですが、このような自己保身の姿勢はすぐに顧客に見抜かれます。かえって火に油を注ぐことになるだけでしょう。

また、企業が不祥事を起こした際によく見られるのが、会社にとってできるだけダメージの少ない情報だけを小出しにしようとするケースです。

「10個の不都合な情報のうち、8個だけ公表し、残りの2個は隠し通そう」といった計算を働かせるのですが、そんな策略がうまくいくことはほとんどありません。結局は顧客やメディアの追及によって隠蔽《いんぺい》や嘘が明るみに出て、会社の信用は地に堕ちることとなります。

情報網が発達した今は、一般の人でもあらゆる情報にアクセスし、事実を検証できます。スマホがあれば録音や録画も簡単なので、誰がどこで証拠を押さえているかわかりませんし、その気になればインターネット上で匿名の内部告発もできます。都合の悪いことを隠そうとしても、いずれはバレるのです。

むしろ会社を守りたいなら、一刻も早く自分たちの非を認めて、「申し訳ありませんでした」と潔く頭を下げるべきです。

上から圧力がかかっても、顧客のために戦えるか

このケースのように自分がサービスの責任者だった場合、個人としては早く顧客に謝罪したくても、上から圧力がかかることもあるでしょう。経営陣が「会社として全面的に非を認めるのはまずい」「情報公開はもう少し待て」などと言い出すようなケースです。

その時に立ち返ってほしい問いは、「自分は誰のために仕事をしているのか」です。誰に対して付加価値を提供し、誰からお金をもらって、誰に対して影響を与えているのか。

その答えは「顧客」です。会社のためでも、上司のためでも、自分の出世のためでもなく、皆さんは「顧客のため」に仕事をしているはずです。

であれば、自分が第一に忠誠を尽くすべき相手は顧客であり、顧客にこれ以上の迷惑をかけないことを何より優先すべきでしょう。

たとえ上から「勝手に情報を開示したら責任問題になるぞ」と言われても、会社や上司ではなく、顧客への忠実義務を選択できるか。

これはまさに「踏み絵」であり、自分の信念に従って戦えるかどうかが問われます。

チーム内で犯人探しをしてはいけない

このケースのように自分がプロジェクトの責任者なら、チームメンバーへのフォローもしなくてはなりません。

現場の担当者たちは、混乱の中でパニック状態に陥っているはずです。このような状態のまま物事を進めようとしても、かえって混乱に拍車がかかってしまいます。

ここでもまずやるべきは、リーダーとしてチームの失敗を認めることです。「我々はサービスのリリースに向けて頑張ってきたが、結果的に失敗した。この事実を素直に認めて、これからお客様のために何をすべきか全員で考えよう」などと呼びかけ、問題解決に向けて建設的な議論を促すことが責任者としての務めです。

逆にやってはいけないのが、犯人探しをすることです。「誰が原因を招いたんだ?」「君の作業に確認不足があったんじゃないか?」などと個人を追及しても、起こってしまったトラブルは取り消せません。

むしろメンバーには「失敗したのは、リーダーが力不足だったからだと批判されても仕方ない。自分のことはいくら責めてもいいから、今はとにかくチームとしてこの危機を切り抜けるために協力してくれ」と自ら泥をかぶってでも、事態の収拾に向けてチームをまとめることが求められます。

リーダーが自分の非を認めることは、決して「負け」ではありません。むしろ嘘偽りのない正直な態度を見せることで、かえって周囲からの信頼は高まるものです。
特にこのケースのような非常時は、結果的に「負けるが勝ち」なのです。

A

速やかに謝罪と情報開示を行い
会社や上司ではなく、顧客に忠誠を尽くす。

CASE
23

上得意の顧客から、方針に反する無理難題が……

システムインテグレータの法人営業部門を率いるにあたり、「理不尽な無理難題を言ってくる顧客は断る。我々の価値を真に理解してくれる顧客とだけつき合おう」と部下たちの前で明言。

しかし、それから3カ月後、長年の上得意であるC社の専務から、「客の要望を断るおたくとは、取引を停止させてもらう！」と怒りの電話が。C社の担当者に聞くと、こちらに落ち度がないことはないが、9割は無理難題。とはいえ、C社は部門の売上の1割を占める超重要クライアント。しかもC社の専務と自社の役員は昵懇《じっこん》の仲だ。

Q

あなたがこの上司だったら、このクレームにどう対応するか？

方針を立てる前にちゃんと「対策」をしていたかが問われる

このケースではまず大前提として、あなたが法人営業部門を率いるリーダーになった時点で、C社のことを考慮していたかどうかが問われます。

計画立案時点で、営業部門が持っている既存顧客をすべて精査していれば、C社が抱えている問題は事前に察知できたはずです。

その上で「理不尽な無理難題を言う顧客は断る」という方針を立てたのなら、当然、C

社の売上がなくなる可能性があることは、計画に織り込み済みのはず。その分の売上をどうリカバーするかの方策も準備できているはずです。

ならば、C社の専務から「取引停止だ！」と言われても、「誠に残念ではございますが、仕方ありません。承知いたしました」とでも答えて、事前に準備していたリカバー策を粛々と進めればいいだけの話です。

あるいは、「売上の減はカバーできないが、無理難題に対応するためのコストが削減されるので、利益は2割増になる」というような計算ができていれば、やはりC社の無理難題に応える必要はなくなります。

どんなに立派な方針も「言いっぱなし」では意味がない

何らかの方針を打ち出すということは、それに伴って起こり得るすべての可能性を考慮しておくということでもあります。もし、確固たる根拠もなく「うちは無理難題を言う顧客とはつき合わない！」とぶち上げたのだとしたら、それはリーダーとして少々軽率だと言わざるを得ません。

立派なポリシーを打ち出すことは悪いことではありませんが、理想論だけでうまくいくほど、ビジネスは甘くはないのです。

一方、このケースの場合は、C社の専務と昵懇の自社役員からもクレームが入ることが予想されます。

もし、事業計画に織り込み済みならば、それを提示して突っぱねるまでです。ただ、役員にもメンツがありますから「いきなりそう言われても困る」と抵抗してくるかもしれません。あるいは、事業計画策定段階でそれを見越して妨害をしてくるかもしれません。

他の役員も巻き込む、あるいは役員全員のいる場で方針を発表するなど、うまく他の経営陣を巻き込んでおくことがコツとなります。

原点に立ち返り、徹底抗戦を

と、ここまでが理想論となります。実際には計画策定時点でC社のことをまったく考慮に入れていなかった、あるいは自社役員の抵抗が思いの他強かった、などということもあるでしょう。

だからといってここで折れてしまっては、リーダーとしてのメンツは丸つぶれです。この修羅場をどう乗り切るか。

ポイントは、「原点に立ち返る」ことです。そもそもあなたが「無理難題を言う顧客は断る」と決めた背景には、何らかの信念があったはずです。

例えば、顧客の理不尽な要望に振り回されてチームメンバーが疲弊し、退職者が続出しているという現状を部下から聞いて、「このままではいけない」と考えたとします。営業の仕事で付加価値を生み出す源泉は「人」であり、何よりも大切にすべきだということは言うまでもありません。

もし、役員から、「C社は大事なお客さんだから、多少の無理難題くらい聞いてやれ」と言われたら、「でも、それによって大事な社員が疲弊してしまっては元も子もありません。C社と社員、どちらが大事なのですか？」と、正面切って伝えた上で、「C社を切る代わりに必ず業績をプラスにするので、この方針でやらせてください」と主張する。

この戦いができるかどうか。その覚悟が、リーダーであるあなたに問われるのです。

A

数字とファクトを用意し、徹底的に抗戦する。

CASE 24

長年お世話になってきた取引先。今さら切るに切れない……

30年来の取引先であるA工務店。ただ、社員の高齢化もありコスト競争力が低下しており、正直、取引先を変えたほうがいいのは明確だ。しかしA工務店は我が社との取引がほとんどで、先方の社長からは「御社がなければもううちは廃業ですよ」とすら言われている。

しかし、社内のコスト削減圧力は強く、部門責任者としてこれ以上、放置することは許されそうにない。しかし、「コストダウン」の名の下に、人の仕事を奪うようなことがあっていいのだろうか……。

Q

この「情と理」のはざまで、あなたはどのような判断を下すべきか？

「情と理」が二律背反であるとは限らない

これもビジネスでは非常によくあるケースです。

特に地方の老舗企業となると、自社の顧客である工務店に社長のお姉さんが嫁いでいたり、役員のいとこが仕入れ先の会社の役員に就いていたりと、あらゆるステークホルダーと身内同然のつながりを持っているケースも珍しくありません。こうなるともう、人間関係にがんじがらめになってしまいます。

さて、このケースの論点は、「情と理のどちらを取るか」ということになっています。ですが、「決断を先送りにする」のが「情」で、「取引先を切る」のが「理」だと、単純に言い切れるものでしょうか。私にはそうは思えません。

「決断を先送り」にしたところで、A工務店のコスト競争力が高まるようなことはない以上、いずれ廃業することは明らかです。

もし、その決断をギリギリまで引き延ばした結果、債務超過に陥るようなことになれば、A工務店の社長も従業員もむしろ不幸になってしまいます。社員は退職金ももらえず、社長は借金を抱えて夜逃げ同然で地元を追われるといった悲惨な末路を辿ることになりかねません。

つまり、「情」の選択が、必ずしも相手にとってプラスになるとは限らないのです。

一方、もし早いうちに廃業という選択肢を選べば、社員に退職金を払えるし、社長の手元にもいくらかの資産が残るかもしれません。

私だったら、A工務店に対して現状を包み隠さずに伝えた上で、「廃業」という選択肢も考慮に入れるべきではないかという話をするでしょう。それが結局、理にかなった話でもあり、相手に「情」をかけることにもなると思うからです。

取引先と「ズブズブの関係」になっていないか？

さて、このケースの背景には、もう一つ根深い問題があります。

A工務店の社長に対して「切りたくても切れない」と情に引きずられてしまうのは、言い方を変えれば、両者が仕事のつき合いを超えた「べったり」な関係だったからではないでしょうか。

たまに食事を共にするくらいならともかく、プライベートのゴルフや旅行にも一緒に行き、しかも相手にその代金を支払ってもらっている、などという関係になってしまえば、確かに切るに切れなくなります。

相手側も技術やコストで勝負できないからこそ、接待によって関係性を深めようと考えるわけです。自社の実力に自信があれば、取引先への過剰な接待など不要です。そう考えると、もしあなたが特定のどこかと「べったり」の関係にあるようなら、そのこと自体が問題かもしれません。
ビジネスにおける人とのつき合い方で重要なのは、適度な距離感です。少なくとも、ある程度の予算権を握る立場になったら、取引先との関係性はしっかりと見直しておくことが必要でしょう。

A

あくまで「理」で判断する。それが相手にとっての「情」になるなら、むしろ早めの廃業を勧める。

COLUMN

ワンポイントアドバイス 4

「書き出す」ことでメンタルケアを

自分の気持ちを書き出すだけで安心できる

ここで取り上げているような数々の「修羅場」。いくら修羅場は成長につながるといっても、メンタルにこたえるのは紛れもない事実。そこでここでは、私が実践している「メンタルケア」の方法について、お話ししたいと思います。

リーダーとして修羅場に直面する機会が多くなれば、精神的なストレスやプレッシャーも大きくなるため、自分自身のメンタルケアが重要になります。

私は仕事で悩んだ時、紙に書き出すことを習慣にしています。

自分は今どんな状況に置かれているのか。それに対して何を感じているのか。

何が自分にとって障害になっているのか。こうしたことを書き出して言語化するだけでも、頭の中が整理され、精神的にラクになるものです。

ここでよく言われるのが、書き出したものを「自分でコントロールできること」と「自分ではコントロールできないこと」に分けるという手法です。「前者は何らかの手を打つ」「後者はどうしようもないので忘れる」というものですが、正直、自分の経験からは、あまりうまくいった記憶がありません。人間の心理は、そう単純なものではないのかもしれません。

とにかく、まずは書き出してみるということでいいと思います。自分の心の中が可視化されるだけで、少なくとも安心できるからです。

思考の悪循環は「ガス抜き」で断ち切る

結局、メンタルがやられてしまうのは、一度マイナスの感情にとらわれると、思考が同じところをグルグル回ってしまいがちだからです。「もうダメかもしれない」「これ以上、打ち手はないのか?」「いや、やっぱりダメだ」といつまで経っても悩みから抜け出せず、次第に追い詰められていくのです。

それを断ち切るには、いったん場所や環境を変えて、仕事とはまったく関係のないことをして気分を変えるのが有効です。体を動かしてリフレッシュしたり、おいしいものを食べに行ったり、好きな趣味を楽しんだりと何でも構わないので、「これをすればストレスや緊張感から解放される」というものを持つことをお勧めします。

上手にガス抜きができるのも、優秀なリーダーの条件と言えるでしょう。

CASE 25

明らかに歓迎されていない出向先で、針のムシロの状態に……

弊社では50代になると、子会社へ出向となる。私も銀行から系列の会社へ55歳で出向し、ある部門の責任者に就任した。出向先の人は「まずはお手並み拝見」という様子だが、よりやっかいなのが「先に出向になっていたかつての同僚」。私がいきなり部門長の立場になったのが面白くないのか、何かと突っかかってくる。

そんな中、最初からかなり厳しい収益目標が設定された……。

Q 味方が誰もいない中、どう現場をまとめていくか？最初にすべきことは何か？

出向者は注目の的。まずは「実力」を示せ

ドラマ『半沢直樹』第2期ではまさに、このような出向先でのストーリーが描かれました。このドラマは時に「少々大げさでは？」といった描写もあるものの、「出向先でどのように信頼を得るべきか」という面においては、非常に参考になります。

ドラマでは、半沢は銀行から子会社の証券会社に出向になります。そこには同じく銀行からの出向組が何人かいるのですが、皆、本社に戻ることしか考えていない。そのことを

証券会社のプロパー社員たちもとっくに見抜いており、内心、苦々しく思っています。

実際にプロパーの社員は、出向者のことを非常によく見ています。表面上はやる気を見せたところで、その本気度はすぐに見抜かれるでしょう。そして、「どうせあの人は数年で戻るのだろう」と判断されたら、彼らは決して言うことを聞いてくれません。せいぜい、面従腹背というところでしょう。

そのような状況の中、もしあなたが、目先の点数稼ぎでなく、本気でその会社を良くしたいと思っているのなら、出向先に本気でコミットする、例えば骨を埋める覚悟を示すことなどが必要です。

具体的には、目先の数字だけでなく、「5年先、10年先の会社をどうしたいのか」を語り、それに対して自分が積極的に関わる姿勢を見せるのです。

また、このケースのように最初から敵愾《てきがい》心を持つ人がいる場合は、プレイヤーとしての実績を見せることも不可欠です。例えば、若手を連れて取引先に行き、そこで自分の交渉力を見せつける。出向社員は話題の的ですから、すぐに「あの部長、意外とやるらしい」というウワサが広がることでしょう。

時間はかかりますが、こうして徐々に信頼を勝ち取っていくことが不可欠です。

優秀な人材は「誰かが見ている」もの

仮に、あなたがどうしても元の会社に戻りたいと思っているのならば、数年間「可もなく不可もなく」仕事をこなそうと考えてしまうかもしれません。あまりに働かないのも問題ですが、成果を上げ過ぎたら今度は、「出向先に欠かせない人材」として戻れなくなる可能性を恐れるからです。

しかし、数年間をこうして無為に過ごすのは、あまりにももったいない話です。また、かつては「片道切符」と言われた出向に対するイメージも変わりつつあります。一度出向になったものの、出向先でもしっかり実績を上げた結果、元の会社の重要なポストに呼び戻された人物を、私は何人も知っています。出向経験者、あるいは「傍流」と呼ばれる部門出身者がトップに就くケースも増えています。

半沢直樹もそうですが、そもそもチャレンジをした結果として派手に立ち回りすぎ、そのほとぼりを冷ますためにいったん出向になる、というケースもあります。優秀で、かつどんな場所でも努力を怠らない人間のことは、やはり「誰かが見ている」ものなのです。

半沢も駆使する「ダークサイド・スキル」

そもそも、日本人は「どの会社に勤めているか」ということにアイデンティティを置きすぎなのではないでしょうか。

初対面の際、日本人は相手に「○○社の△△です」と挨拶しますが、欧米ではまず「自分の仕事(ジョブ)は何か」を話すのが一般的です。日本人もそうした意識に転換できれば、出向を必要以上に深刻に考えることもなくなるでしょうし、むしろ出向先で職責が上がることで「チャンスだ」とも思えるのではないでしょうか。

半沢もまさに出向先において「金融マン」としての仕事を全うしたからこそ、周囲の信頼を得るとともに、視聴者の支持も得ているのではないでしょうか。

さらに、(ドラマでは演出上、少々やりすぎている点はご愛嬌ですが)結果を出すために組織のしがらみにとらわれず、逆にそのしがらみを巧く利用して搦《から》め手《て》をも活用する半沢のような姿勢こそ、今後求められるリーダー像ではないでしょうか。

A

長期ビジョンを語り「骨を埋める覚悟」を示せ。

CASE 26

「早期退職」制度導入により大混乱の社内。優秀な人材も続々と流出!?

元々業績が厳しかった我が社だが、コロナ禍による売上激減により、ついに「早期退職制度」導入が発表された。自分は幸い、「肩たたき組」には入っていないようだが、社内の動揺は極めて大きい。

早期退職制度に含まれない優秀な若手までが「この会社には未来はない」と、転職を考えているというウワサも流れている。正直、仕事にも手がつかない状況だ。

Q 中間管理職のあなたが今、社内の混乱を収めるためにできることは何か？

「優秀な人材」を何が何でも引き留めよ

「自分が肩たたき組に入らずにほっとひと安心」……それが偽らざる思いかもしれません。しかし、そうした考えは頭から払拭《ふっしょく》しましょう。肩たたきにあわなかったということは、「今後の会社を牽引していくべき人材」と会社があなたを評価したということでもあります。使命感を持って、会社の危機を乗り切ってもらいたいと思います。

このケースにもあるように、早期退職制度の導入に踏み切った企業は大混乱に陥ります。

社内は疑心暗鬼に包まれ、通常業務すらまともに進まなくなることもあるでしょう。

そして、どんな会社でも最初に起こるのが「優秀な人間から辞めていく」ことです。それを放置すると、ますます会社は危機的状況に陥ります。中間管理職であるあなたが真っ先にすべきは、こうした「優秀な人材の流出」を何としてでも阻止することです。

そのためには、少々青臭く感じるかもしれませんが、「夢」を語るのが効果的です。

経営状況が厳しい以上、金銭面での引き留めは難しいでしょうし、こうした優秀な人材にはそもそも、好条件のオファーがいくつも舞い込んでいるものです。だからこそ、「今は確かに厳しいけれど、3年後、会社はこう変わるんだ。ぜひ、ついてきてほしい」と夢を語り、その夢を一緒に実現しようと説得するのです。

夢といっても、単なる妄想・願望ではいけません。あくまでリアリティある将来の成長の絵姿を伝えることです。

渦巻く「会社への恨み」に流されてはいけない

また、社内にはおそらく、リストラに踏み切った会社や経営陣に対する批判や怨嗟《えんさ》の声が渦巻いていることでしょう。

最近は業績が好調なうちに、より筋肉質な組織を作るための「攻めのリストラ」も増えていますが、このケースのように元々業績が悪化していたのなら、後手に回っていたであろう経営陣に責任の一端があることは紛れもない事実です。あなたも声高に、「会社の責任」を追及したくなることでしょう。

ただ、その前にぜひ考えてみてもらいたいことがあります。それは、「この状況において、自分が社長でもリストラを決断しただろうか？」ということです。

もし、自分でもそうしたと考えるのなら、あなたはあくまで「与党」として、経営陣のサポートに徹するべきです。

では、もしリストラという経営陣の判断に納得がいかなかったら？　その時は覚悟を決め、自分もまた早期退職に手を挙げるという選択肢も見えてきます。つまり、自分の信念を貫く生き方のためには、会社に依存しないキャリア構築を普段から心がけておくことが重要なのです。

「リストラしつつ投資する」をどう考えるか

リストラ局面といった会社の一大事においても、事業は継続しているわけで、長期的な事業の成長に鑑《かんが》みれば、リストラをしつつも新規事業への投資に踏み切ったり、場合によっては中途採用を行うようなケースも求められるでしょう。

一見、矛盾しているように思うかもしれませんが、リストラを「その場しのぎの固定費削減」ではなく、将来の成長へ向けた端緒という位置づけとして捉えるのであれば、成長へ向けた施策も同時に実行していかねばなりません。

むしろ、社内の批判を恐れてとりあえず現況をしのげる最低限の固定費削減だけに留めようとする会社ほど、その後、何度もリストラを繰り返すことになりがちです。「一度限りの大手術」と決めて徹底的なリストラを行い、コマツをV字回復させた坂根正弘氏のような覚悟が求められるのです。

現在のような「非連続の時代」においては、やむを得ずリストラに踏み切る企業は今後も増えてくるでしょう。しかし、それをその場しのぎに終わらせるのか、むしろ長期的・持続的に会社を発展させるための体質改善の機会にするのか。

経営者の覚悟とともに、中間層であるあなたがそれをどうサポートするかが問われるのです。

A

「危機を乗り越えた先の夢」を語り、人材の流出をなんとしてでも阻止せよ。

CASE 27

経営悪化により、社員の半分を切り捨てねばならないことに……

自社の経営悪化が続く中、何とか持ちこたえていた我が部門だが、ついに他社に事業ごと売却されることになった。より安定した企業の傘下に入るのは悪いこととは言えないのだが、問題は人員の件。買収先の企業と立ち上げる新会社には、今の半分の人員しか連れていくことができず、その人員を私が選ばなくてはならないというのだ。

いったいどう判断をすればいいのか……断腸の思いだ。

Q

あなたはどのように人員を選べばいいのか？
あるいは、他にできることはあるのか？

「エースを連れていく」が正解とは限らない

Ｍ＆Ａが活発化する中、このケースで取り上げたような「事業単位での売却」も増えています。ある日突然、自分の事業部だけが他社に、というのは誰にとっても十分あり得る話なのです。

こうした人員整理の場はまさに「修羅場」ですが、その事業の長期的・持続的な成長という視点から考えて、情に流されることなく、あくまで合理的に判断せねばなりません。

一方、整理対象になる社員に対しては、十分に誠意を尽くして対応する必要があります。いわば「合理と情理」です。

ここで注意すべきなのは、「成績の良いエース社員から順に選ぶ」のが必ずしも合理的な判断とは限らない、ということです。むしろ、相手企業の人員の傾向も考慮した上で、互いに補完しあうような人員構成にしなくてはなりません。

そうしないと、ある特定の分野の担当者ばかりが集まってしまったり、一方でサポート役の人が誰もいなかったりする、といったことになりかねません。

まずは、相手企業の担当者と徹底的に議論して、「新会社の戦略に基づき、どのような人材が必要となるのか」を明確にする必要があるのです。

「ミスマッチ」は企業も社員も不幸にする

さて、問題は「希望通りに選抜した社員が来てくれるか」です。新会社に移る・元の会社に残る・希望退職に手を挙げるの選択は、基本的に個々人の判断にゆだねられます。

また、元の会社で別の仕事が与えられるのならいいのですが、「残り半分の人にはできれば早期希望退職で辞めてもらいたい」が会社側の事情となると、事はそう簡単ではありません。

ただ、その場合でも、「新会社ではどんな人材が求められるか」をしっかり伝えておく必要があるでしょう。

ミスマッチが起きて不幸になるのは結局、その人なのですから。

事業部長が自ら身売りを先導するという手も？

これは「そもそも」の話になってしまいますが、事業売却というものはその判断が遅くなればなるほど、打てる手が限られてしまいます。

早めに決断していれば、人員の配置転換や他社への転職支援なども容易になりますし、相手企業との交渉も有利に進められます。場合によってはむしろ、「相手にリストラを迫る」ことすら可能かもしれません。

昨今では様々なタイプの「攻めのM&A」が行われるようになっています。

例えば2020年、シンガポールのウットラム社が日本ペイントホールディングスを「買収」したことが話題になりました。しかし、同社の田中正明CEOによれば、実はこの買収はむしろ日本ペイント側から持ち掛けたものだそうです。

元々両社はアジア事業において合弁会社を作っていたのですが、あえてウットラムの傘下に入ることにより、日本ペイントはほとんど資金を使うことなく、合弁事業を手中に収めたのです。まさに名を捨てて実を取ったと言えるでしょう。

M&Aのような大きな判断は経営者が行うものであって、中堅クラスには何もできない、と思われるかもしれませんが、そんなことはありません。

もし、あなたの担当している事業が、今の会社の傘下にあるメリットがあまりないと判断したら、むしろ自ら他社に売り込んで合弁事業を立ち上げたり、あるいは独立してしまうのも手ではあります。

これからの部門担当者は常に「自分の部門の5年先、10年先」を考えながら仕事をすることが求められるのです。

A

「ミスマッチ」が一番怖い。まずは「新会社で求められる人材」の条件を明確にしよう。

CASE 28

自社のサービスが大手企業に盗用された！

仲間とベンチャー企業を立ち上げて1年。超有名大企業から、「ぜひ一度話を聞かせてほしい」と声がかかった。何度か相手先でプレゼンをし、これは契約をもらえるに違いない、と思っていたら、とんと連絡がなくなり……それから数カ月後、パクリとしか思えないサービスがその企業からリリースされるというニュースが。先方担当者にすぐにクレームを入れるも「法的に問題ない」の一点張り。

Q

このまま泣き寝入りするか、あくまで抗議するか。あなたならどうする？

「おいしい話」にはワナがある

「高い勉強代だった」……そう思って割り切るしかありません。法廷闘争で勝てそうなら戦えばいいだけの話ですが、相手企業が自信を持って「法的に問題ない」と主張しているとしたら、それが真実なのでしょう。

そして次からは、提案段階からしっかりと準備しておくべきです。技術の根幹に関わることに関しては、事前にＮＤＡ（秘密保持契約）を交わしておく。大企業側が難色を示しても、そこは貫き通す。

この手痛い失敗を糧に、同じ過ちを繰り返さないようにしなくてはなりません。

私も経験がありますが、ベンチャーの立ち上げ直後は修羅場の連続です。特に多いのはお金にまつわるもの。資金繰りにも苦労しましたし、騙されて使えない手形を押しつけられたこともありました。

ただ、後になって思えば、こうしたケースは最初から怪しい話であることが多く、それに乗ってしまった自分の「わきの甘さ」が原因であることがほとんどでした。

このケースも、「大企業との取引口座を開けるかもしれない」という気持ちでつい、ガードが甘くなったという側面があったのではないでしょうか。

ただし、「そもそも論」をしてしまうと、たった数回のプレゼンをしただけで模倣されてしまうものは、そもそも競争優位性がなかったと考えるべきかもしれません。

ビジネスのアイデアとして、例えば、アイデア自体は驚くようなものではないが、それをまだ誰もやっておらず、デファクトスタンダードの地位を取れれば圧倒的な障壁を築けるというものがあります。外食の世界における「ぐるなび」「食べログ」などがそれにあたるでしょう。

例えば私は熱帯魚が好きなのですが、熱帯魚の巨大ファンコミュニティがまだ存在していないのなら、それを作るといったアイデアです。

あるいは、技術そのものに競争優位性があるもの。例えば、熱帯魚の水槽にセンサーを取りつけてクラウドで最適に管理する技術があるとしたら、その技術そのものが価値になるでしょう。

前者の場合はともかくにも「早く始める」ことが重要ですが、後者は特許や法律の面も含め、妥協せずに最初からしっかりとプロテクトすることを念頭に事業開発をすべきです。

A

過ぎたことはあきらめる。
そして、二度と過ちを犯さない。

CASE 29

「海外リスク」で売上が一気にゼロに！社長からも突き放され……

旅行会社の中で、訪日外国人向けの旅行案内サービスを扱う我が部門。ここ数年はインバウンド需要で大いに潤っていたのが、ここにきてのコロナ禍で売上がほぼゼロになってしまった。

サービスとしては今後も十二分にやっていける自信があるが、しばらくの間売上がゼロになれば、当然、赤字金額は膨大になる。さらに、社長からは「だから外国人向けはリスクが高いんだ」と今さら言われ、正直、針のむしろだ。

Q 部門のマネジャーのあなたは、この窮地をいかに乗り越えるべきか？

イベントリスクは必ず起こる。本来は平時から備えを

「コロナ禍さえなければ」と言いたくなる気持ちはわからなくもありませんが、それをいくら主張したところで、議論は前に進みません。ここはきっちりとした計画で示す他ありません。

例えば、日本に外国人旅行客が戻り、インバウンド需要が以前と同じレベルに回復するのは、早くても3年先になると仮定します。そして、その仮定の下に、この3年をどうしのぎ、その後どのように回復していくかの事業計画を作るのです。

例えば、3年間は組織を縮小して存続を図り、その間の赤字分は外部からの資金調達でしのぎ、その後、需要が回復したらその黒字分で返済する。あるいは、同サービスのターゲットを国内向けとしてスタートさせ、3年後、訪日外国人が戻ってきたらそれを転用する、といったプランもあるかもしれません。

このプランは、単なる夢物語ではいけません。将来のB／S、P／L、キャッシュフローを予測し、売上、コスト、資金についてもしっかりと数字で示すプランにしなくてはなりません。

これができたら、あとはそれを議論の土台にして、会社と交渉するのみです。

「継続ありき」でプランを作ってはいけない

ここで、注意すべきことがあります。それは「継続ありき」で事業計画を作ってしまってはいけない、ということです。

もちろん、事業責任者のあなたは、事業を存続させたいという強い思いを持っていると思います。ただし、「事業を凍結したら、ここまでの苦労が水の泡になる」「責任者である自分の評価が下がる」といった意識が働くと、見込みがついつい甘めになってしまいがちです。このようなバイアスがかかった事業計画では、もし上のＯＫが得られたところで、結局、長続きしないでしょう。

リーダーに必要なのは、「主観的な眼」と「客観的な眼」の両方を持つことです。責任者として自部門の成長にこだわることは大切ですが、同時に数字やファクトに基づいて物事をフラットに見なければいけません。

フラットに見たからこそ、まったく別の選択肢も生まれてくるかもしれません。例えば、自社でこの事業を存続させるのは難しいが、サービス内容には高い付加価値があるので、資産に余力がある業界大手のＡ社に買い取ってもらう、といった選択肢が見えてくるかもしれないのです。

リスクのないビジネスなど、今後は存在しない

このケースのように、「自分の事業が予期せぬイベントリスクによって大きなダメージを受ける」ようなことは、今後ますます増えてくると思われます。少なくとも、「コロナ禍が去ればもう大丈夫」ということにはならないでしょう。

２０２０年に世界を襲ったコロナ禍は、「１００年に一度の疫病」と言われていますが、２００８年のリーマンショック時にも「１００年に一度の金融危機」と言われましたし、２０１１年の東日本大震災も「１００年に一度の大災害」と言われました。

つまり現在は、１００年に一度の危機が10年に一度かそれ以上の頻度で起こるような時代なのです。

しかも、こうしたイベントリスクが、いつ、どのような形で起こるかは予測不可能です。そして、危機のたびに、ビジネスに与える影響はそれぞれ異なります。コロナ禍では、飲食業やインバウンドビジネスなどが大きな打撃を受けていますが、危機の種類が変われば、また別の業界や業種がダメージを被る可能性も当然あります。

このような状況において「リスクのないビジネス」など、ほぼ存在しないことがわかるでしょう。裏を返せば、「イベントリスクはいつか必ず起こる」という前提に立ち、自分たちの事業や会社が影響を受ける可能性について、平時から考えておくべきだということです。

コロナ禍は、そのことを我々に教えてくれたとも言えそうです。多くの会社が、「コロナが去れば、また平穏が戻ってくる」と考えがちですが、冷静かつ客観的に、「コロナ後に戻る需要」と「コロナが去っても戻らない需要」を見極める力が求められます。

A

速やかに事業計画を策定し、経済合理性で次のアクションを判断する。

CASE 30

社内で不正が発覚！しかし、会社はなかなか動かない

偶然、社内で過去の「不祥事」を発見してしまった。製品出荷前に決められたチェック手順を踏まねばならないのに、ある工場でその一部を省略していたのだ。検査部課長である私は即時公表することを上司に迫ったが、上司は「待て」と言ったまま放置している。どうやら、握りつぶそうとしているようだ。気持ちはわかるが、もしこの事実が外部にバレたら、社の存続に関わるかもしれない……。

Q

「内部告発」に踏み切るべきか？
それとも他にすべきことがあるのか？

「会社のために隠す」は本当に正義か？

「むしろ知らなかったほうが幸せだった」と思えるような、非常にシビアなケースです。ただ、知ってしまったからには、今さら「見なかったふり」はできません。

池井戸潤氏の小説には、こうしたケースがよく出てきます。

例えば、映画化もされた『七つの会議』（日本経済新聞出版）という小説では、規格に沿わないネジを使った製品が出荷されてしまい、そのことを知ってしまった社員の苦悩が描かれます。

不正は問題だが、その製品は飛行機にまで使われており、自主回収となったら損害は甚大なものとなる。会社の存続すら危ぶまれる。果たして公表すべきか否か……。

もちろん、組織を守るためにあえて隠蔽に加担するという選択もあります。しかし、コンプライアンスに対して厳しくなっている昨今、問題はいずれ必ず明るみに出ると考えておいたほうがいいでしょう。「バレない不正はない」ということは、歴史が証明しています。

そもそも、規格に満たないものを出荷して、もし事故が起これば、顧客に多大な迷惑がかかります。自分たちは何のために、誰のために仕事をしているのかを考えれば、おのずと答えは出てくるはずです。

告発のセオリーは「上の上」に訴えること

告発すると覚悟を決めたら、あとはプロセスの問題です。

セオリーはやはり、上司のその上、つまりこのケースでは本部長や役員に相談することでしょう。それでもダメならさらに上。最終的には社長に直訴する必要があるかもしれません。

それでも会社が動かなかったら、どうするか。

会社を動かすべく「ダークサイド・スキル」を発動する他ありません。

信頼する仲間たちと結託し、全員で直談判に臨むという方法もあるでしょう。それでもダメなら最後の手段として、マスコミにリークするという手もあります。

ただ、その結果うまくいったとしても、「出る杭」となったあなたは早晩、会社を去らざるを得ない状況に追い込まれるかもしれません。

だからこそ、ここまで本書でも何度か述べているように、「いつでも辞められる自分」を作っておく必要があるのです。

「自分には家庭もあるし、今会社を辞めるわけにはいかない」という考えも理解できます。

ただ、「本当にこれでいいのか」と違和感を抱えながら働くほうが、よほどつらいことではないでしょうか。

仕事とは、「踏み絵」の連続である

ビジネスの世界には、今回のケースのような「絶対の正解がない問い」があふれています。そんな時、最後に判断基準となるのは「自分が仕事において一番大事にしているものは何か」という「軸」です。

もし、自分にとっての軸が、顧客の満足だとするならば、たとえ一時的に窮地に陥るとしても、あくまでその軸に基づいた選択をしなくてはなりません。

序章でも述べたように、修羅場とは自分にとっての正義とは何か、価値観とは何かが問われる「踏み絵」でもあるのです。

何か問題が起きた際、自分の信念と照らし合わせて「違う」と思うなら、「絵を踏まない」という選択ができるかが問われます。

そして、こうした「踏み絵」は、いつ、どんな形であなたの目の前に現れるかわかりません。だからこそ、普段から自分の軸を意識して、それに基づいた仕事をする必要があるのです。

例えば、顧客を無視した売上追求に走る上司がいたとして、その上司をちゃんと諫めることができるか。普段から「軸」に沿った仕事をしているかどうかが、修羅場でのとっさの判断力を決めるのです。

A

「不正」はいずれバレる。覚悟を決めて正しい行動を。

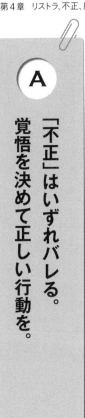

編集協力：塚田有香
装丁写真：長谷川博一

本書は月刊『THE21』2020年6月号～2021年2月号
連載「修羅場のケーススタディ」を元に、大幅な
加筆・訂正の上一冊にまとめたものです。

木村尚敬（きむら・なおのり）
㈱経営共創基盤（IGPI）共同経営者（パートナー） マネージングディレクター
慶應義塾大学経済学部卒、レスター大学修士（MBA）、ランカスター大学修士（MS in Finance）、ハーバードビジネススクール（AMP）
ベンチャー企業経営の後、日本NCR、タワーズペリン、ADLにおいて事業戦略策定や経営管理体制の構築等の案件に従事。IGPI参画後は、製造業を中心に全社経営改革（事業再編・中長期戦略・管理体制整備・財務戦略等）や事業強化（成長戦略・新規事業開発・M&A等）など、様々なステージにおける戦略策定と実行支援を推進。
IGPI上海董事長兼総経理、モルテン社外取締役
Japan Times ESG推進コンソーシアム　アドバイザリーボード
主な著書に『ダークサイド・スキル』（日本経済新聞出版）、近著に『管理職失格』（柳川範之氏との共著、日本経済新聞出版）などがある。

PHP
Business Shinsho

PHPビジネス新書 425

修羅場のケーススタディ
令和を生き抜く中間管理職のための30問

2021年7月1日　第1版第1刷発行

著　　者　木村尚敬
発 行 者　後藤淳一
発 行 所　株式会社PHP研究所
東京本部　〒135-8137　江東区豊洲5-6-52
第二制作部　☎ 03-3520-9619（編集）
普及部　☎ 03-3520-9630（販売）
京都本部　〒601-8411　京都市南区西九条北ノ内町11
PHP INTERFACE　https://www.php.co.jp/
装　　幀　齋藤　稔（株式会社ジーラム）
組　　版　株式会社ウエル・プランニング
印 刷 所　株式会社光邦
製 本 所　東京美術紙工協業組合

ISBN 978-4-569-84963-8

「ＰＨＰビジネス新書」発刊にあたって

わからないことがあったら「インターネット」で何でも一発で調べられる時代。本という形でビジネスの知識を提供することに何の意味があるのか……その一つの答えとして「**血の通った実務書**」というコンセプトを提案させていただくのが本シリーズです。

経営知識やスキルといった、誰が語っても同じに思えるものでも、ビジネス界の第一線で活躍する人の語る言葉には、独特の迫力があります。そんな、「**現場を知る人が本音で語る**」知識を、ビジネスのあらゆる分野においてご提供していきたいと思っております。

本シリーズのシンボルマークは、理屈よりも実用性を重んじた古代ローマ人のイメージです。彼らが残した知識のように、本書の内容が永きにわたって皆様のビジネスのお役に立ち続けることを願っております。

二〇〇六年四月

ＰＨＰ研究所

「不連続な変化の時代」を生き抜く

リーダーの「挫折力」

冨山和彦 著

「いい人」から脱却し「打たれ強いリーダー」になるために。「抵抗勢力の排除」「失敗の克服法」など、あまりにリアルなリーダー論。

定価 本体一、五五〇円（税別）

PHPビジネス新書

IGPI流
経営分析のリアル・ノウハウ

冨山和彦／経営共創基盤 著

勤めている会社は大丈夫か？　取引先は？
会社再生のプロが実践する37の手法。メー
カー、小売・卸、飲食ビジネスなどエピソ
ード満載！

定価 本体八二〇円
（税別）